Heerlijke Franse Verleidingen

Culinaire Avonturen uit de Franse Keuken

Sophie Dubois

Inhoudsopgave

Groenonderhoud 6
Gedeconstrueerde BLT en eieren 7
Salade van krab en pompelmoes 9
Couscoussalade 13
    graan salades 15
Quinoa, fruit en notensalade 17
Tarwebessen en tonijnsalade 20
Salade met linzen, citroen en tonijn 22
Aardappelchips Tortilla 24
Baskische aardappeltortilla 26
Aubergine "Tartine" met tomaten, olijven en komkommers 31
    bleekselderij schillen 33
Pompoen-Gorgonzola Flans 34
Kaasachtige Crème Brûlée 37
    Comté-kaas 39
Kaassoufflé 40
    eieren vers en extra vers 42
Münster kaassoufflés 43
Receptwissel uien "Carbonara" 46
Mosterdtaart van Gérard 48
    mosterd 53
Gorgonzola appelquiche 54
Quiche Maraîchere 57
Spinazie en spek quiche 60
Champignons en sjalot quiche 63
Geroomde champignons en eieren 65
Tomaten-kaastaartjes 67
Pizza met verse tonijn, mozzarella en basilicum 70
Coquilles en Uien Tartes Fines 74
Wafels met gerookte zalm 77
Boekweit Blini met gerookte zalm en Crème Fraîche 81
Tonijn Verpakte Piquillo Pepers 84
    piquillo pepers 87
Winterse Ceviche 88
Tonijn en Mango Ceviche 90
Zalmtartaar 93
Zalm en aardappelen in een pot 97
Krab-Avocado "Ravioli" 101
Garnalen Gevulde Courgette Bloemen 103
Sardine Escabeche 107
Kippenlever Gâteaux met ingelegde uien 111
    smaak voor slachtafval 115

Bundels Kool en Foie Gras ... 117
Verwende Eieren Met Foie Gras ... 119
   truffels ... 121
KIP EN EEND ... 123
  Kip en eend ... 124
Gebraden kip voor Les Paresseux ... 126
   kip wassen of niet wassen? ... 130
Schiet op en wacht gefrituurde kip ... 131
De Armagnac-kip van M. Jacques ... 134
   Armagnac ... 136
Kip in een pot: de versie met knoflook en citroen ... 138
   ingemaakte citroenen ... 142
Kip basquaise ... 144
Kiptajine met zoete aardappelen en pruimen ... 149
Kip Couscous ... 153
Kipfilet Diable ... 157
Kip, appels en room à la Normande ... 160
Kaneel Crunch Kip ... 163
Curry kip, paprika en doperwtjes en papillote ... 165
Kip B'stilla ... 167
Olijf-olijf Cornish kippen ... 172
Met worst gevulde kippen uit Cornwall ... 174
   Eendenborst: de basis ... 176
20 Minuten Honing Geglazuurde Eendenborst ... 178
Eendenborst met verse perziken ... 180
In de Pan Geschroeide Eendenborst Met Kumquats ... 183
RUNDVLEES, KALF, VARKENSVLEES EN LAM ... 186
  Rund-, kalfs-, varkens- en lamsvlees ... 187
Bistro Paul Bert Peperbiefstuk ... 189
   lees frietjes ... 193
Café Salle Pleyel Hamburger ... 195
Mijn go-to Beef Daube ... 199
Beef Cheek Daube met wortelen en elleboogmacaroni ... 203
Boeuf à la Ficelle (rundvlees aan een touwtje) ... 206
   biefstuk aan een touwtje, wat zeg je? ... 212
Shortribs in rode wijn en portwijn ... 218

Groenonderhoud

Als je groene sla van de markt haalt, was ze dan, droog ze volledig af en doe ze in een grote plastic zak, bij voorkeur een zak zonder ritssluiting. Laat een paar centimeter ruimte aan de bovenkant, trek de hals van de tas omhoog en blaas voldoende lucht in de tas om de zijkanten naar buiten te duwen. Blijf "ballon" denken en sluit de tas aan de bovenkant met een strikbandje.

Als je groenten vers van de boerderij waren, houdt de kooldioxide die je in de zak hebt ingeademd ze een week helder en vers - vergeet niet om elke keer dat je hem opent frisse lucht in de zak te ademen.

Gedeconstrueerde BLT en eieren

ER WAS EEN MOMENT IN FRANKRIJK waarop het enige dat kon worden gedeconstrueerd was: Caesarsalade werd geserveerd met de componenten op een bord; dito clubsandwich; en zelfs regionale schatten zoals piperade ([>]), het gestoofde pepermengsel uit het Pays Basque, werd stuk voor stuk uit elkaar gehaald en, net als Humpty Dumpty, niet weer in elkaar gezet. Voor dit gerecht besloot ik een broodje te deconstrueren en er ook een salade van te maken.

Dit begon als een BLT-deconstructie, bestaande uit stukjes krokant spek, rucola (omdat het meer smaak heeft dan sla) en tomaten, zowel vers als in de zon gedroogd, allemaal in een vinaigrette gegooid en bestrooid met croutons van oud boerenbrood. Op het laatste moment, omdat ik dacht dat mijn vrienden misschien iets stevigers nodig hadden voor de lunch, voegde ik de hardgekookte eieren toe en bestrooide ze met een klodder mayonaise. Door de eieren toe te voegen, was de salade meteen herkenbaar voor mijn Franse vrienden - ze keken naar het gerecht en besloten dat het gedeconstrueerde oeufsmayonaise was. Was het maar altijd zo makkelijk om de culturele kloof te overbruggen.

6 reepjes spek
2 grote, dikke sneetjes landbrood, in blokjes gesneden (ongeveer 1½ kopjes)
3 grote handvol rucola, gespoeld en gedroogd
3 eetlepels in olie verpakte zongedroogde tomaten, uitgelekt

Dagelijkse vinaigrette ([>])

Ongeveer 12 cherry- of pruimtomaten, gehalveerd

Zout en versgemalen peper

8 hardgekookte eieren, gehalveerd
2-3 eetlepels mayonaise, huisgemaakt ([>]) of gekocht in de winkel

Leg de spekreepjes in een grote koekenpan en bak op middelhoog vuur, af en toe kerend, tot het vet is gesmolten en het spek aan beide kanten krokant is. Leg het spek op een bord bekleed met keukenpapier van dubbele dikte en dep overtollig vet weg (zet de pan opzij). Als het spek is afgekoeld, hak het dan grof.

Gooi alles weg behalve ca. 2 eetlepels vet uit de pan en plaats de pan op middelhoog vuur. Als het vet heet is, gooi de broodblokjes erdoor en kook, al roerend, tot ze goudbruin zijn. Verwijder de croutons met een schuimspaan en laat ze uitlekken op keukenpapier.

Om de gedeconstrueerde salade te maken, doe je rucola en zongedroogde tomaten in een grote slakom - ik gebruik er graag een die breed en ondiep is - en meng met het grootste deel van de vinaigrette. Gooi de verse tomaten met een deel of de rest van de vinaigrette (met andere woorden, dressing naar smaak) en strooi ze over de groenten, samen met gehakte bacon. Kruid de salade met peper en zout. Leg de eieren met de dooiers naar boven over de groenten en geef elk ei een klodder mayonaise en een snufje zout en peper. Strooi de croutons erover.

VOOR 4 PORTIES

PORTIE
Ik breng graag de gearrangeerde salade naar de tafel en gooi het daar. En ook al is er al brood, ik serveer nog steeds brood - het maakt het meer een maaltijd, vooral in Frankrijk.

OPSLAG
Je kunt het spek en de croutons een paar uur van tevoren koken, de eieren tot een dag van tevoren hard koken (bewaar ze in de koelkast) en de vinaigrette dagen van tevoren maken. Maar zodra de ingrediënten zijn gecombineerd, is het tijd om te eten.

Salade van krab en pompelmoes

EEN KRABSALADE ALS DEZE, fantasierijk en confetti-licht, is een perfecte start van alles, van een luxe diner tot een picknick. Hoewel er veel kleine toevoegingen aan de salade zijn – minuscule blokjes komkommer, rode peper en chili, gehakte munt en hele kleine stukjes robijnrode pompelmoes – is de opvallende smaak precies zoals je het wilt, de krab, zoet en zout .

WEES VOORBEREID: Snijd de grapefruitpartjes een paar uur, of zelfs 6 uur, van tevoren en laat ze tussen een dubbele laag keukenpapier liggen zodat het fruit zo droog mogelijk is - een kleine maar cruciale stap.

1	Robijnrode pompelmoes
1	pond stuk krabvlees, geplukt voor schelpen en kraakbeen
1	Kirby-komkommer of een stuk pitloze komkommer van 2 inch, geschild, in de lengte gehalveerd, gezaaid en in blokjes van ¼ inch gesneden
½	rode of oranje paprika's, ribben en zaden verwijderd, in blokjes van ¼ inch gesneden
2	kleine of 1 vette ui, alleen witte en lichtgroene delen, in de lengte in vieren gesneden, in dunne plakjes gesneden
½-1	kleine Spaanse peper, zeer fijngehakt (optioneel)
	Ongeveer 1½ el extra vergine olijfolie
	Zout en versgemalen peper
	Tabasco (optioneel)
	Vers citroensap (optioneel)
1	eetlepel fijngehakte verse munt

Snijd de pompelmoes kruiselings doormidden en snijd voorzichtig de halve segmenten eruit, waarbij u langs de vliezen snijdt om de vrucht los te laten. Pers het sap uit de uitgeholde helften en bewaar afgedekt in de koelkast (gooi de schil weg). Leg een dubbele laag keukenpapier op een bord of snijplank en schik de grapefruitsegmenten op het papier. Dek af met nog een dubbele laag handdoeken en dep de segmenten lichtjes. Gooi de papieren handdoeken weg, leg het fruit op een andere laag handdoeken en dek opnieuw af. Laat de segmenten minimaal 2 uur staan, of zelfs 6 uur; als de handdoeken erg nat zijn, vervang ze dan opnieuw.

Als je klaar bent om de salade te maken, laat je het krabvlees uitlekken, spreid je het uit op een dubbele laag keukenpapier en dep je het droog. Doe het in een kom en voeg de komkommer, paprika, ui en chili toe, indien gebruikt.

Snijd de grapefruitsegmenten in zeer kleine stukjes, doe ze in de kom en gebruik een vork (of je vingers) om de ingrediënten voorzichtig door elkaar te gooien. Overdrijf het niet - je wilt dat de krab indien mogelijk in grote stukken blijft. Voeg 1 eetlepel olie en 1 eetlepel achtergehouden grapefruitsap toe en breng op smaak met peper en zout en eventueel een paar shakes Tabasco. Proef de salade en beslis wat je wilt toevoegen, als er iets is: ik voeg meestal een paar kneepjes citroensap toe voor extra pop, of misschien heb je wat meer olie nodig. Let op de hoeveelheid vloeistof die u toevoegt - u wilt niet dat de salade drassig wordt. Zodra je het hebt zoals je het wilt, roer je de munt erdoor en serveer.

VOOR 4 PORTIES

PORTIE
Ik serveer deze salade graag en verrines, in kleine glaasjes, met wat mache, rucola of gemengde kruidensalade (een mix van munt, peterselie en koriander is lekker) er bovenop. Meng de groenten met olijfolie, een scheutje citroensap, zout en peper. De salade kan echter zonder bijgerechten worden geserveerd. Wil je heel à la mode zijn, combineer de salade dan met avocado; zie Bonne Idée.

OPSLAG
Geniet hiervan zodra je dat doet - het kan niet worden vastgehouden.

GOED IDEE
Salade van krab, pompelmoes en avocado. Om avocado aan deze

salade toe te voegen, kun je een laagje guacamole ([>]) op de bodem van de glazen of bovenop de krab; je kunt een avocado in blokjes snijden, deze met zout, peper en een scheutje grapefruitsap mengen en over de salade sprenkelen; of je kunt een kleine hoeveelheid fijngehakte avocado door de salade mengen. Avocado wordt snel donkerder en zachter, dus voeg het op het laatste moment toe.

Couscoussalade

HET KOST ECHTE MOEITE OM deze salade op papier met elkaar te verbinden, want het is iets dat ik de hele tijd maak, maar nooit met een recept. Ik kook de couscous (de snelgebakken soort) in bouillon met een beetje kruiden en meng het dan met alle stukjes en beetjes groenten en fruit die ik in huis heb. Het is nooit hetzelfde, altijd goed, en altijd, vanwege de kaneel en kurkuma, rozijnen, noten en kikkererwten, die doen denken aan de traditionele Noord-Afrikaanse stoofpot die het inspireerde.

Door kip aan de salade toe te voegen, wordt het gerecht een complete maaltijd. Als je kip over hebt, snij de kip dan in blokjes en roer deze door de salade als je de groenten erdoor roert; zo niet, dan is het gerecht de moeite waard om er speciaal kip voor te bereiden. Zie Bonne Idée voor kip gemarineerd in olijfolie en citroensap, daarna gegrild, binnen of buiten.

- 2 kopjes kippenbouillon of groentebouillon
- 2 eetlepels extra vergine olijfolie, of zoals nodig
- 2 teentje knoflook, gespleten, zaad verwijderd en fijngehakt

  Zout

- 1 eetlepel gemalen gember
- 1 theelepel kurkuma
- ½ theelepel gemalen kaneel
- ¼ theelepel gemalen komijn
- 1 10 ounce blik snelkokende couscous
- ½ kopje vochtige, dikke rozijnen (donker of goudkleurig)
- 1 kleine komkommer, geschild, in de lengte gehalveerd, ontpit en in blokjes van ½ inch gesneden
- 1 rode paprika, ontpit, ontpit en in blokjes van ½ inch gesneden
- 1 wortel, bijgesneden, geschild, in de lengte in vieren gesneden en in dunne plakjes gesneden
- 1 kopje dun gesneden sugar snaps
- 1 blik (ongeveer 16 gram) kikkererwten, giet af, spoel af en droog

  Fijngeraspte schil van 1 citroen, of naar behoefte

- ¼ kopje vers citroensap, of zoals nodig

Versgemalen peper

¾ kopje losjes verpakte verse korianderblaadjes, grof gehakt

½ kopje geroosterde gehakte amandelen (optioneel)

Breng de bouillon, 1 el olijfolie, knoflook, 1 tl zout, gember, kurkuma, kaneel en komijn aan de kook in een middelgrote pan. Klop de bouillon om ervoor te zorgen dat de kruiden zijn opgelost, roer dan de couscous erdoor en zet het vuur uit. Strooi de rozijnen over de couscous, dek de pan af en laat 10 minuten staan.

Maak de couscous los met een vork (als er klontjes zijn, moet u ze misschien met uw vingers breken) en doe ze in een grote kom. Roer de groenten, kikkererwten en citroenschil erdoor.

Doe het citroensap, nog een theelepel zout en de resterende 1 eetlepel olijfolie in een kleine pot, dek af en schud om te mengen; of gebruik een kleine kom en een garde. Giet over de couscous en meng goed. Breng op smaak met zout en breng op smaak met peper; zet opzij om af te koelen. (De couscous kan licht worden afgedekt en ongeveer 3 uur op kamertemperatuur worden bewaard, of goed worden afgedekt en een nacht worden gekoeld; breng op kamertemperatuur voordat u het serveert.)

Proef bij het opdienen nogmaals of het op smaak is – je hebt vrijwel zeker meer zout nodig, en misschien wil je ook meer citroensap, schil en olijfolie – en roer de koriander en geroosterde amandelen erdoor, als je die gebruikt.

VOOR 6 PORTIES

PORTIE

Zoals het is, is de salade een goede lunch of bijgerecht bij gegrilde vis. Kip erbij (zie Bonne Idée) en het is een maaltijd op elk moment van de dag.

OPSLAG

Je kunt de salade tot een dag van tevoren samenstellen en afgedekt in de koelkast bewaren. Residuen gaan ook 's nachts mee.

GOED IDEE
Met citroen gegrilde kipfilet. U heeft 6 kipschnitzels zonder vel nodig, elk ca. 5 gram, gestampt tot een dikte van ca. 1/2 duim. Giet 2½ eetlepel extra vierge olijfolie en 2 eetlepels vers citroensap in een koekenpan of een grote plastic zak. Kruid met peper en zout en meng goed. Voeg de kipfilets toe, keer ze om met de marinade en marineer 30 minuten bij kamertemperatuur of maximaal 3 uur in de koelkast (breng ze voor het koken op kamertemperatuur). Bereid een buitengrill voor, als je die hebt, of verwarm een grillpan op hoog vuur. Haal de karbonades uit de marinade en droog ze af met keukenpapier. Grill de kip tot hij in het midden ondoorzichtig is, ongeveer 4 minuten per kant. Leg de karbonades op een serveerschaal, besprenkel ze met olijfolie en bestrooi ze desgewenst met gehakte verse koriander.

graan salades

Als je door het graanpad van een Franse supermarkt loopt, is het net alsof je een snelle reis rond de wereld maakt. Er is rijst uit zowat elk land waar het groeit; couscous zeker (het is natuurlijk, gezien het feit dat couscouslanden Algerije en Marokko ooit Frans waren); tabouleh (ook bekend als bulgurtarwe); quinoa, een relatief nieuw supplement (het verscheen op de markten voor natuurvoeding voordat het mainstream werd); gerst (die voorkomt in de keuken van de Elzas); kasha; en een paar dingen die we niet vaak zien in de VS: snelkokende tarwebessen en ontbijtgranen die, net als tarwe, in 10 minuten van voorraadkast naar tafel kunnen gaan.

Natuurlijk zijn rijst en couscous de bestsellers, maar wat ik vreemd vind is dat de andere granen vaker in restaurantgerechten lijken voor te komen dan in thuiskoken. Niet waar chez moi, waar ik de granen graag gebruik in salades en bijgerechten.

Graansalades hebben minstens één bekend Frans precedent, de rijstsalade, een aloude manier om restjes goed te gebruiken, maar ik ben op een missie om de anderen ook in de slakom te krijgen.

Afhankelijk van wat je eraan toevoegt, kunnen graansalades een bij- of hoofdgerecht zijn en warm, koud of, het beste van alles, buiten worden geserveerd - het zijn perfecte bijgerechten bij een picknick.

Quinoa, fruit en notensalade

TOEN een door voedsel geobsedeerde vriend van mij voor een paar maanden van New York naar Parijs verhuisde, schreef hij om te vragen of er dingen waren die hij mee moest nemen. Toen ik hem vroeg wat hij dacht, schreef hij slechts één woord terug: 'quinoa'. Ik vertelde hem dat het één ding minder was dat hij mee moest sjouwen, aangezien quinoa heel gemakkelijk te verkrijgen is in Frankrijk – sterker nog, het oeroude, zeer voedzame graan uit de Andes is behoorlijk trendy. Een beetje nootachtig en een beetje tarweachtig, quinoa kan warm worden geserveerd, maar mijn favoriete quinoagerecht is deze salade, waarin het graan wordt gegooid met gedroogd fruit en noten, afgewerkt met kruiden en een gembervinaigrette, en geserveerd met groenten met pittige gekoelde yoghurt.

    WEES VOORBEREID: Begin hier ongeveer een uur voor het opdienen zodat de smaken zich vermengen.

1½	kopjes quinoa
	Zout en versgemalen peper
1⅓	kopjes gemengd vochtig, mollig gedroogd fruit, zoals veenbessen, gouden rozijnen, donkere rozijnen en/of gehakte abrikozen
1	kopje gemengde zaden en noten, zoals zonnebloem- en pompoenpitten, pijnboompitten en gehakte amandelen en/of walnoten
¼	kopje gehakte verse kruiden, zoals basilicum, peterselie, koriander of munt, of een combinatie
	Sap van 1 citroen
½	theelepel gemalen gember
3	eetlepels extra vergine olijfolie
1	eetlepel walnoot- of hazelnootolie (of nog een eetlepel olijfolie)
4	kopjes gemengde groene sla, gespoeld en gedroogd (optioneel)
1	kopje yoghurt (het kan vetvrij zijn), om te serveren

Spoel de quinoa af onder koud stromend water en laat uitlekken in een zeef. Kook 3 kopjes water in een middelgrote pan, zout het water en roer de quinoa erdoor. Zet het vuur lager en laat de quinoa 12 tot 15 minuten zachtjes koken, of tot de korrels zijn uitgezet - als ze gaar zijn, heeft elke kleine korrel een dunne ring eromheen. Zet het vuur uit, dek de pan af en laat 5 minuten staan. Er kan nog steeds water op de bodem van de pot staan, dus giet de quinoa af in de zeef en laat afkoelen tot kamertemperatuur.

Doe de quinoa in een serveerschaal en breng op smaak met zout en peper. Roer voorzichtig gedroogd fruit, noten en kruiden erdoor.

Doe citroensap, gember, olijfolie, notenolie en zout en peper naar smaak in een klein potje en schud om te mengen; of klop samen in een kleine kom. Giet de vinaigrette over de quinoa en meng goed met een grote lepel of rubberen spatel. Als je tijd hebt, dek de salade dan af en laat hem minimaal 1 uur op kamertemperatuur komen. De salade is echt gebaat bij rust zodat de smaken zich kunnen mengen.

Als je klaar bent om te serveren, proef je de salade om te zien of er meer zout en peper nodig is. Giet over licht gekruide groenten, indien gebruikt, en bedek met yoghurt.

VOOR 4 PORTIES

PORTIE
Als u groene salades gebruikt, verdeel ze dan over vier afzonderlijke kommen, breng de groenten op smaak met peper en zout, giet ze over de quinoasalade en bedek elke portie met een lepel yoghurt. Als je de groenten niet gebruikt, serveer dan gewoon de salade met de yoghurt erop.

OPSLAG
De salade kun je het beste een paar uur van tevoren maken en op de dag zelf opeten. Restjes zijn echter, afgedekt en gekoeld, de volgende dag erg lekker.

Tarwebessen en tonijnsalade

MISSCHIEN KUNNEN WE OP EEN DAG de bijna onmiddellijke tarwe te pakken krijgen die ik in Frankrijk kan vinden, maar in de tussentijd zijn het tarwebessen met een milde nootachtige smaak, een heerlijk kauwbare textuur en goede manieren. iets meer van de chef dan tijd. Het enige wat je hoeft te doen is ze in een pan met gezouten water te doen, ze gaar te koken (trek hier een goed uur voor), en ze dan warm, als bijgerecht of koel te gebruiken in deze salade, die tonijn uit blik en een cache van kleurrijke groenten. Als je de salade belegt met tomaten, avocado en hardgekookte eieren, wordt hij nog steviger en kleurrijker.

1	kopje tarwe bessen
1½	theelepels dijonmosterd
1½	eetlepels witte wijnazijn
4½	eetlepels extra vierge olijfolie, plus ongeveer 1 theelepel om te mengen

Zout, bij voorkeur zeezout, en versgemalen peper

Snuf rode pepervlokken

2	knolselderij, bijgesneden en gehakt
1	kleine ui, gesnipperd
1	rode of groene paprika's, gezaaid, gezaaid en in blokjes gesneden
1	medium rode appel, klokhuis verwijderd en in blokjes gesneden
2	5- tot 6-ounce blikjes lichte tonijn verpakt in olie, uitgelekt
4	kopjes gemengde slagroenten, gespoeld en gedroogd
8	cherry- of druiventomaten, gehalveerd
1	avocado, geschild, uitgehold en in blokjes gesneden
2	hardgekookte eieren, in kwarten

Je moet de tarwebessen een paar uur koken voordat je de salade gaat samenstellen: kook een grote pan met gezouten water en voeg de bessen toe, zet het vuur lager zodat het water kookt en kook, af en toe roerend, tot de bessen zacht maar niet papperig zijn. 1 tot 1¼ uur. Giet af, spoel onder koud water, giet opnieuw af en laat afkoelen tot kamertemperatuur. (De tarwebessen kunnen van tevoren worden bereid, afgedekt en maximaal 24 uur in de koelkast worden bewaard; breng voor gebruik op kamertemperatuur.)

Doe mosterd, azijn, olijfolie, zout en peper naar smaak en rode pepervlokken in een kleine pot en schud om te mengen; of klop samen in een kleine kom.

Doe de tarwebessen in een grote kom, giet de vinaigrette erover en meng goed met een grote lepel of rubberen spatel. Als je tijd hebt, dek de bessen dan af en laat ze ongeveer 1 uur op kamertemperatuur komen, zodat ze de vinaigrette volledig opnemen.

Voeg de bleekselderij, ui, paprika, appel en tonijn toe aan de salade en roer alles voorzichtig door elkaar. Proef en voeg indien nodig meer zout en peper toe.

Doe de gemengde groenten in een grote serveerschaal of op een schaal. Kruid met peper en zout en meng met ongeveer 1 theelepel olijfolie. Giet de tarwebessensalade over de groenten, garneer met tomaten, avocado en hardgekookte eieren en breng deze nieuwkomers op smaak met een beetje zout en peper.

VOOR 4 PORTIES

PORTIE
De salade is compleet zoals hij is. Je hebt er echt geen brood bij nodig - je hebt al tarwe op tafel - maar op ware Franse wijze neem ik altijd een mandje brood mee, en op ware Franse wijze is het altijd leeg.

OPSLAG
Je kunt de tarwebessen tot 1 dag van tevoren koken en in de koelkast bewaren (breng ze op kamertemperatuur voordat je ze aankleedt), maar de samengestelde salade is echt het lekkerst om direct na bereiding op te eten.

Salade met linzen, citroen en tonijn

IK HOU VAN DEZE SALADE, pittig, pittig, verrassend en een toevallige creatie: ik had een linzencornichonsalade geproefd in een bistro, en toen ik een nieuwe creatie wilde proberen, lag er nergens een klein augurk op de loer. koelkast mijn. Tijdens het zoeken naar een vervanger kwam ik op het idee om tapenade en citroenen te gebruiken, en ook zaken te doen als marokkaanse of gekonfijte citroenen. Wat betreft tonijn? Ik kan het niet echt uitleggen. Ik proefde de citroen-, olijvenpasta- en linzensalade en het woord tonijn kwam zomaar in me op, en ik ben blij dat het zo was: het bleek te zijn wat alle ingrediënten met elkaar verbond. Hoewel de salade als voorgerecht in kleine porties geserveerd kan worden, maak ik hem meestal voor de lunch, lepel het over gemengde groenten en bedek het met gehalveerde kersen- of druiventomaten gegooid met een beetje olijfolie. Verspreid op koekjes, het is ook een goede kleine snack bij de borrel.

De salade begint met gekookte linzen du Puy. Ik gebruik het basisrecept voor[>], maar je kunt de linzen koken zoals je wilt. Als je het geluk hebt om overgebleven linzen te hebben, ben je zo ver voor op het spel.

WEES VOORBEREID: Hoewel de salade direct na het maken prima is, is het beter als je hem een paar uur voor het opdienen in de koelkast zet.

- 2 theelepels korrelige mosterd, bij voorkeur Frans
- 2 theelepels tapenade van zwarte olijven, huisgemaakt ([>]) of gekocht in de winkel
- 2 eetlepels rode wijnazijn
- 3 eetlepels extra vierge olijfolie (misschien iets meer nodig)
- Ongeveer 3 kopjes gekookte linzen du Puy (zie[>]), bij voorkeur nog warm
- 1 kleine gekonfijte citroen (zie Bronnen[>])
- 2 ui, alleen witte en lichtgroene delen, dun gesneden
- 1 5- tot 6-ounce kan lichte tonijn bijten, verpakt in olie

Zout en versgemalen peper

Mosterd en tapenade door elkaar roeren in een klein potje; of klop samen in een kleine kom. Voeg de azijn en olijfolie toe en schud of klop tot de vinaigrette goed gemengd is. Giet de dressing over de linzen en roer om te combineren.

Je hebt de keuze hoe je de gekonfijte citroen wilt gebruiken. Meestal wordt alleen de schil gebruikt, maar het zachte binnenste vruchtvlees kan ook door deze salade worden gemengd. (Ik voeg de pulp toe.) Als je de hele citroen wilt gebruiken, hak hem dan fijn; als je alleen de schil gebruikt, snij deze dan weg van het vruchtvlees, gooi het vruchtvlees weg en snijd de schil in kleine stukjes. Roer de citroen en ui door de salade.

Laat de tonijn uitlekken en gebruik een vork om deze over de salade te schillen. Kruid heel licht met zout en veel peper en meng. Proef en als je denkt dat het nodig is, roer er dan nog wat olijfolie door.

Je kunt de salade nu serveren, maar het is beter als je hem afdekt en een paar uur in de koelkast zet: de rest geeft de smaken de tijd om zich te mengen. Proef vlak voor het opdienen nogmaals naar kruiden en olie.

MAAKT 6 VOORGERECHTEN OF 4 LUNCH HOOFDGERECHTEN

PORTIE
De salade kan gekoeld of op kamertemperatuur geserveerd worden, op een bedje van bladgroenten of naturel. Zowel voor de kleur als voor de smaak garneer ik het graag met een tomaten-paprikasalade (zie Bonne Idée,[>]).

OPSLAG
De salade is afgedekt en gekoeld een dag houdbaar. Het wordt een beetje zacht, maar de smaak blijft.

Aardappelchips Tortilla

DIT IS EEN SNELLE, LEUKE EN GRAPPIGE versie van de traditionele Baskische tortilla gemaakt met in blokjes gesneden aardappelen ([>]). De Fransen zouden dit een clin d'oeil of knipoog naar het origineel noemen, en ze zouden niet alleen verrast zijn door de chips die de plaats innemen van de gebruikelijke gebakken spuds, maar ook door de maker, Jean-François Piège, voorheen de chef-kok van Les Ambassadeurs, Michelin - het restaurant in Le Crillon. Ik vond het recept in een Frans voedingsmagazine, speelde ermee en serveerde het als hors d'oeuvre op een etentje in Parijs. Geen enkele ziel had zelfs maar een idee dat wat ze lekker vonden snacks waren van een soort die ze nooit zouden eten (of in ieder geval nooit zouden toegeven te eten).

WEES VOORBEREID: De tortilla kun je het beste van te voren maken en op kamertemperatuur serveren als fingerfood - praktisch voor feestjes.

3½ ons (een halve zak van 7 ounce) chips
4 grote eieren
1 kleine ui, fijngesneden, of 6 uien, alleen witte en lichtgroene delen, dun gesneden (optioneel)
¼ kopje gehakte verse kruiden, zoals koriander, peterselie of basilicum, of een combinatie
2 teentje knoflook, gespleten, zaad verwijderd en fijngehakt

Snuf piment d'Espelette (zie Bronnen[>]) of cayennepeper

Zout en versgemalen peper

1 eetlepel olijfolie

Doe de chips in een kom, rek ze uit en plet de chips - een luidruchtige, vettige klus waar je knapperige vingers aan overhoudt om af te likken.

Doe in een andere kom eieren, uien of lente-uitjes (indien gebruikt), kruiden, knoflook en piment d'Espelette of cayennepeper. Kruid met peper en zout en meng. Giet de eieren over de friet en roer om goed te mengen.

Je hebt een kleine braadpan nodig die onder de grill kan: 9 inch is ongeveer zo groot als het zou moeten zijn. Ik gebruik een ouderwetse gietijzeren koekenpan, maar een koekenpan met anti-aanbaklaag is ook prima. (Als u niet zeker weet of het handvat onder de grill past, wikkel het dan in folie.) Plaats een rek onder de grill zodat wanneer u de pan erop schuift, deze ongeveer 15 cm van de warmtebron verwijderd is. Zet de grill aan.

Zet de pan op middelhoog vuur en giet er olijfolie in. Als de olie heet is, roer je de eieren en chips nog een laatste keer door en giet je ze in de pan. Duw het mengsel indien nodig met een vork naar de randen van de pan en zet het vuur dan laag. Bak de tortilla 2 tot 3 minuten, of tot hij stevig is aan de randen en de bovenkant bijna gaar is (het zetten is belangrijker dan de timing, dus blijf gewoon naar de eieren kijken). Haal de pan van het vuur en ga met een spatel langs de randen en onder de tortilla voor het geval deze aan de pan blijft plakken.

Schuif de pan onder de grill en kook tot de bovenkant van de tortilla gestold is, ongeveer 1 minuut. Schuif de tortilla op een serveerschaal of dienblad en serveer warm of op kamertemperatuur.

MAAKT 4 LUNCH HOOFDGERECHTEN OF 8 HORS D'OEUVRE PORTIES

PORTIE
Zoals de meeste Spaanse tortilla's, is deze goed in kleine stukjes gesneden en geserveerd met drankjes of in vieren gedeeld en geserveerd met een salade voor de lunch. Combineer de tortilla eventueel met reepjes gerookte zalm of flinterdunne plakjes Spaanse ham.

OPSLAG
Je kunt de tortilla enkele uren van tevoren maken, en als hij is afgekoeld, dek je hem licht af en bewaar je hem op kamertemperatuur tot je hem serveert. Restjes kunnen afgedekt in de koelkast worden bewaard - gekoeld wordt de tortilla vrij stevig, maar wel lekker om in te bijten.

Baskische aardappeltortilla

ALS HET IDEE VAN EEN ROOMTEMPERATUUROMELET geserveerd met een salade voor de lunch of in hapklare stukjes als hors d'oeuvre je met recht kan doen denken aan de Italiaanse frittata, de eerste keer dat ik dit gerecht at, had het effect dat ik me denk aan eieren en opgebakken aardappels, het klassieke Amerikaanse dinerontbijt. Natuurlijk zijn het de goed gebruinde aardappelen en gehakte uien die het deden.

Deze specifieke omelet, die zo populair is in Baskenland in Frankrijk, draagt zijn Spaanse naam, tortilla, en alles is willekeurig, van de manier waarop hij vaak wordt geserveerd (op tandenstokers) tot de manier waarop hij wordt gemaakt. In tegenstelling tot traditionele omeletten die zorgvuldige aandacht vereisen en een geoefende draai van de pols voor die beslissende draai, vereist de tortilla niets meer dan geduld om te wachten tot de eieren voldoende gaar zijn om onder de grill te worden gerold.

Bij dit gerecht moet je op één ding kieskeurig zijn: een schone pan. Zorg ervoor dat je na het koken van de aardappelen en uien de pan schoonveegt van alle kleine stukjes die aan de bodem zijn blijven plakken.

Ongeveer 3½ eetlepel extra vergine olijfolie

1 pond zetmeelrijke aardappelen (zoals Idaho / roodbruin of Yukon Gold), geschild en in blokjes van ½ tot 1 inch gesneden
1 middelgrote ui, grof gesneden
2 teentje knoflook, geplet maar niet gepeld (optioneel)
1 takje rozemarijn (optioneel)

Zout en versgemalen peper

9 grote eieren, op kamertemperatuur

Snuf piment d'Espelette (zie Bronnen[>]) of cayennepeper

Je hebt een zware koekenpan met een diameter van 9 tot 10 inch nodig - ik gebruik een ouderwetse gietijzeren koekenpan. (Kleiner is hier beter dan groter.) Kies er een met een handvat dat onder de grill kan.

(Als je niet zeker bent van het handvat, wikkel het dan in aluminiumfolie.) Giet ongeveer 2 eetlepels olie in de pan en verwarm het op middelhoog vuur. Voeg de aardappelen en uien toe, evenals de knoflook en rozemarijn, indien gebruikt, en meng tot ze glinsteren met olie. Breng op smaak met zout en peper, zet het vuur lager en kook langzaam tot de aardappelen goudbruin en gaar zijn, ongeveer 20 minuten; je zou gemakkelijk gaten in de aardappelen moeten kunnen prikken met de punt van een mes. Gooi de knoflook en rozemarijn weg, als je die hebt gebruikt, en doe de aardappelen en uien in een kom. Droog de pan voorzichtig af met keukenpapier.

Afhankelijk van hoe lang het duurt om de grill te verwarmen, moet je hem nu aanzetten of nadat de tortilla een paar minuten heeft gekookt. Voordat u hem aanzet, plaatst u een rek onder de grill zodat wanneer u de pan erop schuift, de pan ongeveer 15 cm van de warmtebron verwijderd is.

Klop in een grote kom de eieren los met zout en peper naar smaak en piment d'Espelette of cayennepeper en roer dan de aardappelen en uien erdoor.

Zet de pan op middelhoog vuur en giet er ongeveer 1½ eetlepel olie in. Als de olie heet is, voeg je de eieren en aardappelen toe aan de pan. Zet het vuur meteen lager en laat de eieren ongeveer 2 minuten ongestoord koken. Ga met een siliconen spatel of tafelmes langs de randen van de pan om de tortilla los te maken, dek de pan af en kook nog 8 tot 10 minuten langzaam, of tot de bovenkant bijna hard is - er zal een cirkel van vloeistof of jiggly ei zijn in het midden. Ga om de paar minuten met de spatel langs de zijkanten van de pan en net onder de tortilla om te voorkomen dat deze blijft plakken.

Schuif de pan onder de grill en kook tot de bovenkant van de tortilla gestold is: controleer het na 1 minuut en blijf controleren - het kan snel gaan. Leg de tortilla op een serveerschaal en laat hem afkoelen tot kamertemperatuur voordat je hem aansnijdt en serveert. (Natuurlijk houdt niets je tegen om het nu te eten, zoals een omelet.)

MAAKT 4 LUNCH HOOFDGERECHTEN OF 8 HORS D'OEUVRE PORTIES

PORTIE
Om de tortilla te serveren als hors d'oeuvre of als tapas met wijn of, op de Baskische manier, sangria, snijd hem in dunne plakjes, of snijd hem vierkant en snijd hem in blokjes. Als de tortilla bedoeld is voor de lunch, verdeel hem dan in vieren en serveer hem met een groene salade. Als je wilt, sprenkel dan een beetje olijfolie over elke wig.

OPSLAG
Je kunt de tortilla enkele uren van tevoren maken en licht afgedekt op kamertemperatuur bewaren. Restjes kunnen afgedekt in de koelkast worden bewaard - door afkoeling wordt de tortilla hard, maar het is nog steeds een goede snack.

GOED IDEE
Aangezien deze tortilla uit het land van de ham komt, wil je misschien wat aan het gerecht toevoegen. Je kunt een klein handvol fijngehakte ham door eieren en aardappelen roeren voordat je de tortilla kookt, of serveer de tortilla met een paar plakjes licht gebakken Spaanse ham of prosciutto. Voor een meer Amerikaanse maar net zo lekkere twist serveer je de tortilla met reepjes krokant spek om erbij te knabbelen. Doe dat en je zult zeker zien waarom het gerecht een dinerspecial kan zijn.

MEER GOEDE IDEEËN
Ui-kruiden tortilla. Bak 1½ kopje gesnipperde ui in 2 eetlepels olijfolie tot zeer zacht en licht goudbruin, ca. 20 minuten. Meng de ui met ca. kopje gehakte verse kruiden, zoals peterselie, bieslook, tijm en rozemarijn, laat iets afkoelen en roer dit mengsel door de eieren; laat de aardappelen vallen. Ga verder zoals aangegeven.

Champignon tortilla. Kook ½ pond cremini-champignons, bijgesneden en in plakjes, 1 grote lente-ui of 1 middelgrote gele ui, gehakt, en 2 fijngehakte teentjes knoflook (verdeeld en zaad verwijderd) in 2 eetlepels olijfolie tot de champignons gaar zijn. Voeg ⅓ kopje gehakte kruiden (peterselie, bieslook, tijm en rozemarijn) toe, laat iets afkoelen en roer dan door de eieren; laat de aardappelen vallen. Ga verder zoals aangegeven.

Spinazie-groene ui tortilla. Snijd en was 10 gram spinazie. Kook een grote pan met gezouten water. Doe de spinazie in het kokende water en blancheer 2 minuten, giet af en doe in een kom met koud water en ijsblokjes om de kleur in te stellen. Haal de spinazie uit de kom en knijp deze uit tussen de handpalmen. Hak de spinazie grof. Fruit 2 grote lente-uitjes of 2 bosjes uien, in ringen gesneden en 2 fijngehakte teentjes knoflook (verdeeld en zaad verwijderd) in 2 el olijfolie gedurende 3 minuten. Kruid met peper en zout, voeg de spinazie toe en bak nog 1 minuut; laat een beetje afkoelen en roer dan de eieren erdoor; laat de aardappelen vallen. Ga verder zoals aangegeven.

Aubergine "Tartine" met tomaten, olijven en komkommers

DIT SCHOTEL EEN TARTINE of open sandwich noemen, zou de nomenclatuur misschien uitrekken, gezien het feit dat het de gebakken aubergine is die de traditionele toast vervangt, maar ik doe het in dienst van lekker eten. Ik volg ook het voorbeeld van Frédérick Grasser-Hermé, een van de meest creatieve chef-koks van Frankrijk en de vrouw die me voor het eerst auberginetartine serveerde. Geïnspireerd door haar vindingrijkheid heb ik deze versie gemaakt, die ik als een beetje Italiaans ben gaan beschouwen. Hier wordt de aubergine in rondjes gesneden (een beetje zoals bruschetta) en overgoten met een azijnsalsa van gehakte tomaten, kappertjes en olijven (een beetje zoals caponata). Ik maak mijn tartine echter af zoals Frédérick deed, met dunne plakjes krokante komkommer, een totaal onverwachte en verrukkelijke toevoeging.

- 1 grote aubergine (ongeveer 1¾ pond)
  Ongeveer 3 eetlepels extra vergine olijfolie, plus meer voor motregen

  Zout, bij voorkeur fleur de sel, en versgemalen peper
- 1 komkommer, geschild, in de lengte gehalveerd en zaden
- 1 halve liter druiven- of kerstomaatjes, in de lengte in vieren gesneden
- 2 knolselderij, schoongemaakt en fijngehakt
- ½ Vidalia-ui of 1 grote lente-ui, gehakt (ongeveer ½ kopje)
- 1 teentje knoflook, gespleten, zaad verwijderd en fijngehakt
- 5 grote groene olijven, ontpit en in plakjes
- 1 eetlepel kappertjes, afgespoeld en drooggedept
- 2 eetlepels grof gehakte verse oregano
- 3 eetlepels rode wijnazijn

  Snuf rode pepervlokken

Centreer een rek in de oven en verwarm de oven voor op 375 graden F. Bekleed een bakplaat met een siliconen bakmat, perkament of aluminiumfolie met anti-aanbaklaag.

Snijd met een dunschiller, van boven naar beneden, stroken van de schil van de aubergine weg met intervallen van 2 inch. Snijd de boven- en onderkant van de aubergine af en snijd de aubergine kruislings in 6 plakken van ongeveer 2,5 cm dik. Leg de plakken op het met bakpapier beklede bakpapier en bestrijk elk plakje met ongeveer 1 theelepel olijfolie. Kruid licht met peper en zout en bak de plakjes ongeveer 45 minuten, of tot ze helemaal zacht zijn - test met de punt van een mes - en lichtbruin. Laat de aubergine afkoelen op de bakplaat.

Gebruik een mandoline of een Benriner-snijmachine, het snijblad van een rasp of een mes om de komkommer in dunne plakjes te snijden.

Meng in een grote kom de tomaten, selderij, ui, knoflook, olijven, kappertjes en oregano door elkaar. Klop azijn en 1 eetlepel olijfolie door elkaar. Giet deze dressing over de groenten en meng goed. Breng op smaak met de rode pepervlokken en zout en peper.

Verdeel de aubergine over borden of een schaal en giet de tomatensalsa erover. Besprenkel de plakjes komkommer met een scheutje olijfolie, strooi ze over de tartines en bestrooi de komkommer met een beetje zout.

VOOR 6 PORTIES

PORTIE
Hoewel de aubergine in dit gerecht de rol van brood speelt, is het fijn om een mand met gesneden baguettes op tafel te hebben - je wilt iets om de laatste druppel sap op het bord op te nemen.

OPSLAG
U kunt de aubergine een paar uur van tevoren roosteren en de plakjes op kamertemperatuur of in de koelkast bewaren. Als je wilt, kun je de aubergine koud serveren, maar je kunt hem ook op kamertemperatuur

laten komen. En je kunt de salsa van tevoren mixen en alles toevoegen behalve de azijn, zout en oregano – bewaar die voor de laatste minuut. Als de tartines echter eenmaal zijn samengesteld, kunnen ze het beste snel worden geserveerd, zodat de aubergine niet drassig wordt.

bleekselderij schillen

Mijn relatie met selderij veranderde een paar decennia geleden toen ik voor het eerst iemand, de Fransman, bien sûr, een stengel bleekselderij zag schillen. Toen ik haar vroeg waarom, was haar antwoord: "Om het beter verteerbaar te maken."

Ik weet niet zeker of het schillen van de gebogen kant van de bleekselderij - je doet het met een dunschiller - het beter verteerbaar maakt, maar het is een genot om niet te hoeven worstelen met draderige bleekselderij in beleefd gezelschap.

Selderij schil ik tegenwoordig regelmatig als ik er grote stukken van gebruik. Als ik het dun snijd (en de snaren zouden kort zijn en niet al te problematisch), pel ik het gewoon als ik in de stemming ben.

Pompoen-Gorgonzola Flans

ALS ER EEN CONCURRENTIE ZOU ZIJN TUSSEN FRANS EN AMERIKAANS HANDIG ETEN, dan ben ik er vrij zeker van dat de Fransen zouden winnen. Het is moeilijk te concurreren met kant-en-klaar bladerdeeg, pâte brisée en zoet taartdeeg, evenals bevroren aardappelpellets die in enkele minuten geweldige aardappelpuree maken, kant-en-klare pannenkoeken en kastanjes (heel, gepureerd, diepgevroren, gebotteld en ingeblikt). Maar er is één ding dat Frankrijk niet heeft zoals wij: ingeblikte pompoen! Het is iets dat me echt verbaast, aangezien de Fransen dol zijn op pompoenen, evenals de vele neven en nichten van de pompoen in de pompoenfamilie. Dus, zonder ingeblikte pompoen, braden of koken bepaalde Franse chef-koks de groente met harde schil, pureren het, drogen het door het snel in een hete pan te roeren en transformeren het in gerechten zoals deze, rijk,

De moeite die nodig is om helemaal opnieuw te beginnen, zou de goedheid van deze vlaaien waard zijn, maar eigenlijk hoef je alleen maar een blikje pompoen te openen, een paar dingen samen te mengen in een keukenmachine en de vlaaien in de oven te schuiven. Eenvoudig.

1   15-ounce kan pompoen
3   grote eieren
2   grote eierdooiers
½   kopje zware room

   Zout en versgemalen peper

3½ ons Gorgonzola, verkruimeld (royaal ½ kopje)
2   eetlepels gehakte geroosterde walnoten

   Crème fraîche of zure room, voor erbij (optioneel)

Centreer een rek in de oven en verwarm de oven voor op 350 graden F. Beboter zes custardbekers - ik gebruik Pyrex-bekers met een inhoud van 6 ounce - of ramekins, en kies een braadpan die groot genoeg is om de kopjes comfortabel te houden. Bekleed de bodem van de pan met een dubbele laag keukenpapier en plaats de custardcups in de pan. Breng een pan water aan de kook.

Doe pompoen, eieren, eierdooiers en room in een keukenmachine (of gebruik een blender) en verwerk tot alles goed gemengd is. Kruid met peper en zout en giet de custard in de kopjes. Verdeel de gorgonzola tussen de vleugels en prik de kaas een beetje in de custard om het te verdelen. Bestrooi de bovenkant van de flans met de walnoten. Giet voldoende heet water in de braadpan om tot halverwege de zijkanten van de kopjes te komen.

Bak de vlaaien gedurende 35 tot 40 minuten, of tot een mes dat erin wordt gestoken er bijna schoon uitkomt. (Afhankelijk van de grootte en hoogte van je kopjes, kan het zijn dat je meer of minder tijd nodig hebt, dus begin na 25 minuten te controleren.) Omdat je de vlaaien in het waterbad laat, blijven ze koken, dus het is beter om voorzichtig te zijn aan de kant van niet gaar. Breng de koekenpan over naar een rooster en laat de flenzen afkoelen in het waterbad tot ze net warm of op kamertemperatuur zijn.

Werk af met crème fraîche of zure room, als je dat lekker vindt.

VOOR 6 PORTIES

PORTIE
Ik serveer deze in hun kopjes, maar als je ze wilt losmaken, kan dat - voorzichtig. Ga met een bot mes langs de randen van de custard, dompel de kopjes in een warmwaterbad en keer elke vlaai uit op een klein bord. Als je de blikken opent, wil je ze misschien begeleiden met een heel licht geklede kruiden- of babyspinaziesalade. Serveer de flans op ware Franse wijze met een klodder crème fraîche (of zure room). De Amerikaan in mij sprenkelt graag het kleinste beetje honing of ahornsiroop over de room of recht over de vlaaien.

OPSLAG
De flensjes zijn het lekkerst op de dag dat ze gemaakt zijn, maar ze kunnen licht afgedekt bij kamertemperatuur ca. 6 uur voor serveren.

Kaasachtige Crème Brûlée

WAT IS ER BETER DAN DE COMBINATIE VAN twee van de grootste culinaire genoegens van het leven, crème brûlée en kaas? Het is een dubbele portie verwennerij en je hoeft niet op het toetje te wachten om het te krijgen. Dit recept is in wezen een crème brûlée, maar je laat de suiker weg in de klassieke room en eigeelbasis en stippelt de bodem van de vormpjes uit met kleine blokjes kaas die smelten en de custard een nog fluweelzachtere textuur geven en, natuurlijk, een licht zoute smaak. Dus in plaats van de room af te werken met een suikerachtige korst, bestrooi je de bovenkant met geraspte kaas die bubbelt, roostert en bruin wordt terwijl hij wordt geroosterd.

    Dit is een elegant aperitief, het soort dat je in een chique restaurant geserveerd zou willen hebben, maar het is ook gemakkelijk toegankelijk voor elke thuiskok. Omdat het gerecht van tevoren moet worden gemaakt, is het zelfs ideaal voor diners: bij het serveren hoef je alleen maar de topping een laatste keer te schudden. Het beste hulpmiddel hiervoor is een mini-propaanbrander - het klaart de klus snel en geeft je de meest gladde afwerking - maar je kunt de kaas smelten en een mooie korst krijgen met je grill.

    Ik gebruik graag een combinatie van kazen voor dit gerecht, mijn favoriet is parmezaanse kaas en comté. Maar aangezien Comté moeilijk te vinden is in de VS (en erg duur als het eenmaal gevonden is), is mijn Amerikaanse versie parmezaanse kaas en cheddar – het klinkt misschien als een compromis, maar het smaakt er niet naar.

Ongeveer 5 gram kaas (een combinatie van Parmezaanse kaas en Comté of cheddar)

1 **kopje zware room**
¾ **kopje volle melk**
3 **grote eierdooiers**

Een snufje vers geraspte nootmuskaat

Zout en versgemalen witte peper

Centreer een rek in de oven en verwarm de oven voor op 200 graden F. Vet zes ondiepe schaaltjes in. Het is belangrijk dat ze ondiep zijn: je wilt een vla die slechts ¾ inch dik is (mijn ramekins zijn 4 inch breed en 1 inch hoog en bevatten ½ kopje). Bekleed een bakplaat met een siliconen bakmat of bakpapier en plaats de ramekins op de bakplaat.

Snijd 3 gram van de kaas in kleine blokjes en verdeel de blokjes gelijkmatig over de schaaltjes. Wikkel de rest van de kaas in de koelkast om hem hard te maken voor de rasp die je later gaat maken.

Giet de room en melk in een kleine steelpan en breng aan de kook. Klop ondertussen in een middelgrote kom de eierdooiers krachtig los met de nootmuskaat en zout en witte peper naar smaak. Roer zonder te stoppen een beetje van de hete room en melk door de eieren. Blijf kloppen en miezeren tot je ongeveer een kwart van de vloeistof hebt opgenomen, giet dan de rest in een langzame, gestage stroom, nog steeds kloppend. Als alles gemengd is, tik je een paar keer met de kom op het aanrecht om de bubbels te verwijderen. (Als kloppen je mengsel niet ontlucht, lepel het er dan af en gooi de bubbels weg.) Verdeel de custard gelijkmatig over de vormpjes.

Schuif de bakplaat voorzichtig in de oven en bak 40 tot 50 minuten, of tot een mes dat in het midden van de vla wordt gestoken er schoon uitkomt. Plaats de bakplaat op een rooster en laat de custard afkoelen tot kamertemperatuur. (Eenmaal afgekoeld kan de vla tot 2 dagen worden afgedekt en in de koelkast worden bewaard; breng op kamertemperatuur voordat u verder gaat.)

Rasp voor de topping de resterende 2 gram kaas en strooi deze gelijkmatig over de bovenkant van de crèmes. Als je een minipropaanbrander hebt, trek hem dan uit en gebruik hem om de kaas gelijkmatig te bruinen. Als je geen fakkel hebt, zet dan de grill aan en laat de custard eronder lopen, terwijl je constant kijkt en de crèmes van het vuur haalt zodra de kaas goudbruin is. Serveer onmiddellijk.

VOOR 6 PORTIES

PORTIE
De vla moet worden geserveerd zodra de topping bruin is. Ze hebben

niet meer nodig dan een kleine lepel en een glas champagne of witte wijn.

OPSLAG
Je kunt de vla tot 2 dagen van tevoren bakken en goed afgedekt in de koelkast bewaren; breng ze op kamertemperatuur voordat je ze afwerkt. Als je ze eenmaal hebt bedekt, moeten ze meteen worden gegeten.

Comté-kaas

Comté is een dichte, ivoorkleurige koemelkkaas met een nootachtige smaak, gemaakt in de Jura, het berggebied dat zich uitstrekt over Frankrijk en Zwitserland. In feite is het die grens die de verschillen verklaart tussen Comté en de bekendere Gruyère, aangezien het bereidingsproces, het uiterlijk van de kazen en hun smaken bijna identiek zijn.

Het verschil? Comté is Frans, Gruyère is Zwitsers. Wil een Comté voldoen aan de Franse AOC-aanduiding (appellation d'origine contrôlée), dan moet hij gaten hebben (zoals – durf ik dit te zeggen en de zaken verder te verwarren? – wat we Zwitserse kaas noemen), terwijl een Gruyère, om een echte Gruyère, mag niet. Beide kazen worden gemaakt in grote wielen en worden gekocht per dikke plak of wig. Ze zijn geweldig op zichzelf - ik heb altijd een Comté of Gruyère op de kaasplank (mijn favorieten zijn Comtés en Gruyères die gerijpt zijn, zodat ze steviger en een beetje zouter zijn) - en geweldig in de keuken, omdat ze smelten gelijkmatig. In feite zijn ze de kaas van de fondue, waarvan de naam gesmolten betekent. Je kunt Comté en Gruyère meestal door elkaar gebruiken.

Kaassoufflé

DIT IS DE KLASSIEK, de soufflé die wordt geserveerd in de beste restaurants en de meest legendarische bistro's in heel Frankrijk en degene met zo'n kieskeurige reputatie dat nieuwelingen het niet durven proberen. Eigenlijk zou de soufflé zich moeten schamen en koks zonder goede reden afschrikken! Er is niets ingewikkelds aan het gerecht, hoewel er drie dingen zijn die u moet weten: 1) het is belangrijk om de eiwitten op te kloppen tot ze stevige pieken hebben, maar zorg ervoor dat ze nog steeds glanzend zijn - het is beter om te stoppen met gewoon verlegen te stijf te zijn dan klop de eiwitten erdoor en verdeel ze in kleine streken; 2) Spatel het eiwit voorzichtig door de soufflébodem, zodat je niet alle lucht eruit slaat die je er zo voorzichtig in hebt gevouwen - nogmaals, minder is meer, en het is beter om een paar strepen witte vlekken in het beslag te hebben dan om het mengsel te veel te bewerken; en 3) het is cruciaal om de gasten aan tafel te krijgen voordat je de soufflé uit de oven haalt – het drama van een soufflé is vluchtig.

Fijn droog paneermeel

2½ kopjes volle melk
3 eetlepels ongezouten boter
6 eetlepels bloem voor alle doeleinden

Zout en versgemalen witte peper

Vers geraspte nootmuskaat

6 grote eieren, gescheiden
½ pond kaas, zoals Gruyère, Emmentaler of Zwitsers, geraspt

Plaats een rek in het onderste derde deel van de oven en verwarm de oven voor op 400 graden F. Vet de binnenkant van een soufflepan met 6 tot 7 kopjes in met een dikke laag boter. Bestrooi met paneermeel, klop het teveel af en zet opzij. Bekleed een bakplaat met een siliconen bakmat of bakpapier.

Breng de melk aan de kook in een middelgrote pan; zet het opzij.

Smelt de boter in een middelgrote pan op middelhoog vuur. Roer de bloem erdoor en kook dit mengsel (een roux) ca. 2 minuten, net lang genoeg om de rauwe smaak van de bloem te verwijderen, maar niet te verkleuren. Roer met een garde, meng langzaam de warme melk erdoor. Als alle melk is toegevoegd en de bechamel glad is, kook je al roerend nog 8 tot 10 minuten, of tot de saus dikker wordt - de garde laat sporen achter. Breng de saus royaal op smaak met zout en witte peper en een beetje nootmuskaat. Haal de pan van het vuur en giet de bechamel door een fijnmazige zeef in een middelgrote kom; laat de bechamel ongeveer 10 minuten afkoelen. (Op dit punt kunt u de bechamel in een luchtdichte verpakking verpakken en maximaal 3 dagen in de koelkast bewaren; breng het op kamertemperatuur voordat u het gebruikt.)

Klop een voor een de eierdooiers door de bechamelsaus en roer de geraspte kaas erdoor.

Klop de eiwitten in een keukenmixer met garde of in de kom van een handmixer totdat ze stevige, glanzende pieken hebben. Roer een kwart van het eiwit door de bechamelsaus om het luchtiger te maken en gebruik dan een rubberen spatel om voorzichtig het resterende eiwit erdoor te spatelen. Draai de soufflé voorzichtig in de voorbereide vorm, plaats de vorm op het bakpapier en schuif de plaat in de oven.

Bak de soufflé 40 tot 50 minuten, of tot hij goed gerezen, goudbruin en stevig aanvoelt, maar nog steeds een beetje wiebelig is in het midden. Als de soufflé na 25 tot 30 minuten (denk er niet eens aan om de ovendeur voor de 25 minuten te openen) te bruin wordt, open dan voorzichtig de deur en schuif er voorzichtig een stuk aluminiumfolie overheen.

Serveer onmiddellijk.

MAAKT 4 TOT 6 PORTIES

PORTIE
Serveer op het moment dat je de soufflévorm van het bakpapier haalt. Zet de soufflé op tafel, buig voor het applaus en schep er met een grote lepel porties uit.

eieren vers en extra vers

"En ik wil graag zes eieren, alsjeblieft, om een taart te maken," zei ik tegen de fromager. En hoewel ik om moyenne-eieren (medium) had gevraagd, omdat ze het beste overeenkomen met de grote eieren die ik in de VS gebruik, haalde meneer een sixpack van de plank en zei: "Sorry, ik" heb alleen gros [grote] . De media zijn extra vers en het is het niet waard om de hogere prijs te betalen als je ermee gaat bakken."

Hoewel het misschien klinkt als een marketingterm, is 'extra vers' in Frankrijk een echte term op een houdbaarheidssticker. Eieren van de boerderij worden vaak geleverd met twee houdbaarheidsdata. De ene is de vers-tot-datum, en de andere is de extra-vers-tot-datum, wat ongeveer 2½ week eerder is dan de eerste datum en meestal ongeveer 9 dagen nadat de eieren zijn gelegd (en ja, die datum is ook op de doos of de stempel op de eieren).

Tijdens de kostbare dagen dat de eieren extra vers zijn, zijn ze bedoeld om zacht of halfgekookt of zelfs rauw te eten. Extra vers is voor eieren wat sushi-kwaliteit is voor vis. Als je extra verse of biologische eieren hebt en je wilt er optimaal van profiteren, geniet er dan van ([>]), maak ruwe eieren ([>]), pak ze in ([>]), of gebruik ze in mayonaise ([>]) of een mousse ([>]).

Münster kaassoufflés

ALS DE MUENSTER DIE JE KENT de kaas is die in de delicatessenwinkel van de supermarkt wordt verkocht, staat je een heerlijke verrassing te wachten. True Münster, de trots van de Elzas, is een kaas van koemelk die tot rijpheid is gekookt en gewild is bij kenners. Het is een van die kazen die bekend staat om zijn geur, die groot en gedurfd is (sommigen zeggen misschien rumzuiverend), en zijn smaak, die veel subtieler is dan je zou verwachten. Heerlijk op een stuk roggebrood of op een appelschijfje of als basis in deze soufflé.

Fijn droog paneermeel

Ongeveer 7 ons zeer koude Franse Münster

1¼ kopjes volle melk
1½ eetlepels ongezouten boter
3 eetlepels bloem voor alle doeleinden

Zout en versgemalen witte peper

¼ theelepel gemalen komijn
3 grote eieren, gescheiden

Plaats een rek in het onderste derde deel van de oven en verwarm de oven voor op 400 graden F. Vet de binnenkant van vier 8-ounce soufflépannen royaal in. Bestrooi met het paneermeel, klop het teveel af en zet opzij. Bekleed een bakplaat met een siliconen bakmat of bakpapier.

Snijd voorzichtig de korst van de koude kaas met een scherp schilmesje. Meet 4 ons kaas af (ongeveer hoeveel je over hebt als je de korst verwijdert) en snijd het in blokjes van ¼ tot ½ inch (je zou 1 kopje moeten hebben).

Breng de melk aan de kook in een kleine steelpan; aan de kant zetten.

Smelt de boter in een middelgrote pan op middelhoog vuur. Klop de bloem erdoor en kook dit mengsel (een roux) ca. 2 minuten, om de rauwe smaak van het meel te verwijderen, maar kleur het niet. Klop langzaam de warme melk erdoor. Als alle melk is toegevoegd en de bechamel glad is, kook je nog 5 tot 8 minuten onder voortdurend roeren, of tot de saus dikker wordt - de garde laat sporen achter. Neem de pan van het vuur, breng de saus royaal op smaak met zout en witte peper en roer de komijn erdoor. Druk de bechamel door een fijnmazige zeef in een kom en laat 10 minuten afkoelen. (Op dit moment kan de bechamel maximaal 3 dagen in de koelkast worden bewaard; breng op kamertemperatuur voordat u verder gaat.)

Klop een voor een de eidooiers door de bechamelsaus en roer de kaasblokjes erdoor.

Klop de eiwitten in een mixer met garde of in de kom van een handmixer totdat ze stevige maar nog steeds glanzende pieken hebben. Roer ongeveer een kwart van het eiwit door de bechamelsaus om het luchtiger te maken en gebruik dan een rubberen spatel om het resterende eiwit erdoor te spatelen. Verdeel het beslag voorzichtig over de soufflévormpjes en vul elk vormpje voor ongeveer driekwart. (Als je beslag over hebt, bak het dan in een andere vorm of in een ovenvaste koffiekop.)

Plaats de vormpjes op het met bakpapier beklede bakpapier, schuif het in de oven en bak de soufflés 20 tot 25 minuten, of tot ze goed gerezen, goudbruin en stevig aanvoelen maar nog een beetje wiebelig zijn in het midden. Serveer nu!

VOOR 4 PORTIES

PORTIE
Soufflés zijn niet moeilijk om te maken, maar als ze uit de oven komen, zijn het prima donna's: ze eisen dat ze onmiddellijk worden geserveerd, anders valt al het kloppen en vouwen weg. Serveer eventueel wat tomaten-paprikasalade erbij (zie Bonne Idée).

GOED IDEE
Salade van tomaat en paprika. Dit is een leuke kleine salade voor elk gerecht dat een kleurrijk bijgerecht nodig heeft, maar het is vooral lekker bij de soufflé. Meng ongeveer 20 druiventomaten, gehalveerd, ½ rode paprika en 1 geroosterde rode paprika, beide in blokjes, 2

theelepels extra vierge olijfolie en een snufje gemalen komijn. Breng op smaak met zout en peper en, als je denkt dat de salade het nodig heeft, een druppel witte wijnazijn.

Receptwissel uien "Carbonara"

PATRICIA WELLS, KOOKBOEKAUTEUR, kookleraar en vriend, serveerde dit voor de kerstgans die we een jaar bij haar thuis in de Provence aten. Ik was gek op het recept en toen ik haar vroeg of ze het me wilde geven, zei ze dat het een variatie was op een recept dat oorspronkelijk was gemaakt door Michel Richard, de Franse chef-kok die veertig jaar geleden als banketbakker naar Amerika kwam en leefde om meer restaurants te creëren en meer boeken te schrijven. Het recept is een briljante kijk op de klassieke spaghetti carbonara, maar bevat, zoals Richard grapt, nul koolhydraten, omdat de pasta is vervangen door gestoomde uien die al dente zijn gekookt. Hoewel het geen koolhydraten bevat, bevat het gerecht al het andere dat een carbonara zo ongelooflijk lekker maakt, zoals room, spek (of pancetta), boter (Patricia gebruikte de boter niet en het gerecht was nog steeds uitstekend), parmezaan,

    Ik ging terug naar Parijs en maakte het recept twee avonden op rij voor vrienden, waarbij ik het elke keer als aperitief serveerde, en ik vond het gerecht zo goed dat het de schijnwerpers helemaal voor zichzelf verdiende. Ik moet gelijk hebben gehad, want mijn vrienden vroegen me net zo snel naar het recept als ik het aan Patricia vroeg.

- 2 pond ui, gehalveerd, in dunne plakjes gesneden en in halve ringen gesneden
- 5 reepjes spek
- ½ kopje room (Patricia gebruikt lichte room)
- 1 groot eigeel
- 1 eetlepel ongezouten boter

    Zout en versgemalen peper

- 2-3 eetlepels versgeraspte Parmezaanse kaas

De uien moeten worden gestoomd, dus als je een grote stomer hebt, zet die dan nu klaar; zo niet, doe dan wat water in een grote pan, plaats een stoommandje in de pan en breng het water aan de kook. Doe de uien in de stomer, dek de pan af en stoom 6 minuten, of tot ze net 'al dente' zijn. Haal de mand uit de pot. (Je kunt dit tot 3 uur voor het opdienen doen. Laat de uien afkoelen en dek ze dan lichtjes af.)

Leg de plakjes bacon in een koude koekenpan, zet de pan op middelhoog vuur en bak, af en toe draaiend, tot de bacon aan beide kanten krokant is. Laat het spek tussen de lagen uitlekken met keukenpapier en snijd de reepjes kruiselings in dunne stukjes. (Je kunt dit ook van tevoren doen.)

Klop vlak voor het opdienen ¼ kopje room en eidooier samen in een kleine kom.

Zet een pan die groot genoeg is voor alle ingrediënten op middelhoog vuur en voeg de boter toe. Eenmaal gesmolten, voeg je het spek toe en giet je de resterende ¼ kopje room erbij. Verwarm het slechts 30 seconden, schraap dan de gestoomde ui erdoor, breng op smaak met zout en peper en kook, al roerend, tot de ui goed is verhit, 2 tot 3 minuten.

Haal de pan van het vuur en roer het gereserveerde roommengsel erdoor, evenals de geraspte Parmezaanse kaas. Serveer onmiddellijk.

VOOR 6 PORTIES

PORTIE
Dit moet worden geserveerd zodra het room-pruimenmengsel en de Parmezaanse kaas erdoor zijn geroerd.

OPSLAG
U kunt de uien tot 3 uur van tevoren stomen en de spekjes kunt u ook van tevoren bakken, maar dan moet u dit wel meteen serveren.

GOED IDEE
Spaghetti en Ui Carbonara. Michel Richard creëerde dit gerecht om spaghetti na te bootsen, maar wat hij heeft gemaakt is een saus die spectaculair is over pasta. Probeer het en kijk of je het er niet mee eens bent.

Mosterdtaart van Gérard

MIJN VRIENDEN SYLVIE ROUGETET EN GÉRARD JEANNIN zijn de meest gracieuze gastheren, en je hoeft me niet op mijn woord te geloven - de mensen die het gastenboek hebben ondertekend in Les Charmilles, hun bed-and-breakfast net buiten Dijon, herhalen mijn gevoelens door. Maar ze hebben niet zoveel geluk als ik. Terwijl zij getrakteerd worden op een stevig ontbijt, mag ik als vriend blijven eten en souschef spelen voor Gérard in de keuken.

Gérard heeft geen dag culinaire training gehad, maar hij is een bevlogen kok en zo georganiseerd dat ik denk dat hij een bataljon kan voeden vanuit de knusse beslotenheid van zijn kombuis. Het is een genoegen om hem aan het werk te zien - koken met zijn neus, elk ingrediënt ruiken voordat hij het in een kom gooit, verse kruiden tussen zijn vingers wrijven om hun volle parfum naar boven te halen, en over een pan op het fornuis leunen om de geur van een pan op te vangen. bouillon terwijl het kookt.

Dit is de taart die Gérard op een avond voor Sylvie en mij maakte. Het is een spel met een traditionele taart met het beroemdste exportproduct van Dijon - mosterd - en het is zowel romig als pittig, geruststellend en verrassend. Het is ook niet zo bekend als het zou moeten zijn. Toen ik terugkeerde naar Parijs, zat het recept in mijn notitieboekje, ik maakte de taart verschillende keren voor vrienden, en elke keer werd het met vreugde en verbijstering ontvangen - ik serveerde ze iets dat ze nog nooit eerder hadden geproefd. Zoals Gérard me heeft uitgelegd, wordt de meer traditionele taart gemaakt met tomaten, maar hij improviseerde op zijn gebruikelijke manier, met wortelen en prei, aangezien het herfst was en het tomatenseizoen voorbij was.

De originele tomatentaart is ook heerlijk, dus die heb ik opgenomen onder Bonne Idée. Welke versie je ook maakt, zorg ervoor dat je sterke Dijon-mosterd gebruikt. Gérard gebruikt de twee meest populaire mosterdsoorten van Dijon in zijn taart: zacht, wereldwijd bekend als Dijon, en korrelig of ouderwets, in Frankrijk bekend als "à l'ancienne". Je kunt het een of het ander gebruiken, of je kunt de verhoudingen aanpassen aan je smaak, maar wat je ook doet, zorg ervoor dat je mosterd fris, felgekleurd en sterk geparfumeerd is. Doe wat Gérard zou doen: eerst ruiken. Als hij alleen maar tranen in zijn ogen krijgt, is hij gezond genoeg voor deze taart.

- 3 wortelen (niet te vet), bijgesneden en geschild
- 3 dunne prei, alleen de witte en lichtgroene delen, in de lengte gehalveerd en gewassen
- 2 takjes rozemarijn
- 3 grote eieren
- 6 eetlepels crème fraîche of slagroom
- 2 eetlepels Dijon-mosterd, of naar smaak
- 2 eetlepels korrelige mosterd, bij voorkeur Frans, of naar smaak

    Zout, bij voorkeur fleur de sel, en versgemalen witte peper

- 1 9- tot 9½-inch taartvorm gemaakt van taartdeeg ([>]), gedeeltelijk gebakken en gekoeld

Centreer een rek in de oven en verwarm de oven voor op 425 graden F. Bekleed een bakplaat met een siliconen bakmat of perkamentpapier.

Snijd de wortelen en prei in dunne staafjes of staafjes: Snijd de wortelen eerst in de lengte doormidden, leg de helften dan met de snijkant naar beneden op de snijplank en snij ze kruislings doormidden of in ca. Stukken van 3 cm lang. Snijd de stukken in lucifers van ⅛ tot ¼ inch dik. Als je wortelen dik waren en je denkt dat je lucifers er niet dun genoeg uitzien, snij ze dan in de lengte doormidden. Snijd de prei op dezelfde manier.

Plaats een stoommandje in een pan. Giet zoveel water dat het bijna tot aan de stomer komt, dek af en breng aan de kook. Laat wortels, prei en 1 takje rozemarijn in de mand vallen, dek af en stoom tot de groenten zacht genoeg zijn om er gemakkelijk in te prikken met de punt van een mes, 10 tot 15 minuten. Giet de groenten af en droog ze af; gooi het takje rozemarijn weg.

Klop in een middelgrote kom de eieren los met de crème fraîche of slagroom. Voeg mosterd toe, breng op smaak met zout en witte peper - mosterd heeft de neiging zout te zijn, dus ga dienovereenkomstig te werk - en klop om te combineren. Proef en kijk of je van de ene of de andere mosterd wat meer wilt toevoegen.

Zet de taartvorm op het met bakpapier beklede bakpapier en giet de vulling in de bodem. Leg de groenten op de vulling - ze kunnen alle kanten op, maar ze zijn mooi gerangschikt in spaken die uit het midden van de taart komen. Werk af met het resterende takje rozemarijn en bestrooi de groenten met een snufje zout en een paar maal met de pepermolen.

Bak de taart ongeveer 30 minuten, of tot hij gelijkmatig gepoft en hier en daar lichtbruin is en een mes dat in het midden van de custard is gestoken er schoon uitkomt. Stort de taart op een rooster en laat hem 5 minuten rusten voordat u de zijkanten van de vorm verwijdert.

Serveer warm, warm of op kamertemperatuur (of licht gekoeld).

MAAKT 6 VOORGERECHTEN OF 4 HOOFDGERECHTEN

PORTIE
De taart is heerlijk direct uit de oven, warm, op kamertemperatuur of zelfs licht gekoeld - hoewel dat niet de voorkeur van Gerard zou zijn, weet ik zeker. Als u het als aperitief serveert, snijd het dan in 6 porties; als het de belangrijkste gebeurtenis is, serveer het dan met een licht geklede kleine salade.

OPSLAG
Zoals alle taarten is dit het lekkerst kort nadat het is gemaakt, maar restjes kunnen de volgende dag worden afgedekt, gekoeld en opgegeten.

GOED IDEE
Tomaten-mosterdtaart. Dit is het originele recept en ik denk dat je het vaak zult maken als rijpe, sappige tomaten in het seizoen zijn. Je hebt 1 supergrote tomaat nodig, 1 of 2 tomaten van normaal formaat, 2 of 3 pruimtomaten, of 15 tot 20 cherry- of druiventomaten (dit moet bij benadering zijn, want ik weet niet hoe groot je tomaten zullen zijn). Als je cherry- of druiventomaten hebt, snijd ze dan doormidden; als je

ronde of pruimtomaten hebt, snijd ze dan ongeveer 1/2 inch dik. Leg de helften (met de snijkant naar beneden) of plakjes in de gevulde taartvorm en maak je geen zorgen als ze in de vulling zinken; pas op dat u er niet zoveel helften of plakjes in doet dat de vulling boven de zijkanten van de korst uitsteekt.

mosterd

Mosterd is voor de Fransen wat ketchup voor ons is: de lekkerste specerij – het komt in elk café op tafel, samen met zout en peper. De beroemdste mosterd is vernoemd naar de Bourgondische stad Dijon (Dijon-mosterd verwijst eigenlijk naar een stijl van mosterd, een stijl die zacht, scherp en sterk is).

Mosterd is echter niet afkomstig uit Frankrijk: het lijkt met de oude Romeinen te zijn aangekomen. Het feit dat de Fransen mosterd niet hebben uitgevonden, weerhield hen er niet van om het te adopteren en hun eigen mosterd te produceren, en in de Middeleeuwen was het een nietje in de keuken. Paus Johannes XXII, die in de veertiende eeuw in Avignon woonde, vestigde de positie van "de eerste mosterdproever van de paus", en twee eeuwen later ging de Zonnekoning, Lodewijk XIV, op reis met zijn eigen mosterdpot op sleeptouw. Mosterdpotten zijn eigenlijk traditionele huwelijksgeschenken in Frankrijk, en je kunt nog steeds je eigen kleine pot meenemen naar winkels zoals Maille om ze bij te vullen.

De twee mosterdsoorten die ik altijd bij de hand heb, zijn Dijon en korrelig, bekend als moutarde à l'ancienne, of ouderwetse mosterd, maar als je een mosterdliefhebber bent, moedig ik je aan om te experimenteren. Groene pepermosterd is een geweldige toevoeging aan vinaigrettes en mierikswortelmosterd is heerlijk bij biefstuk... en frietjes.

Gorgonzola appelquiche

HET FEIT DAT FRANKRIJK DE THUIS IS van verschillende magnifieke blauwe kazen, vooral Roquefort, heeft verfijnde Franse chef-koks en fijnproevers er niet van weerhouden om verliefd te worden op Gorgonzola dolce, de zachte, milde blauwe kaas uit Italië. Samen met Parmezaanse kaas en mozzarella verschijnt Gorgonzola routinematig in zowat elke goed gevulde fragerie in Parijs en betrouwbaar in andere steden. Gorgonzola heeft een mildere, zoetere, minder zoute smaak en een zachtere, romigere consistentie dan Roquefort, en leent zich daarom gemakkelijker voor smeuïge composities zoals deze quiche.

Zoals alle quiches ziet en smaakt deze eruit alsof er veel tijd en vaardigheid voor nodig was; in tegenstelling tot veel quiches, biedt het een dubbele verrassing: de zachtzoet-zoute kracht van de Gorgonzola en de lichte knapperigheid van de lichtzure appel. Als je zin hebt in een derde verrassing, probeer dan wat noten aan de mix toe te voegen - geroosterde walnoten of hazelnoten zijn bijzonder goed.

Als je een meer traditionele quiche wilt - in feite de meest traditionele quiche, quiche Lorraine - ga dan naar Bonne Idée.

1 eetlepel ongezouten boter
1 kleine ui, fijngehakt

Zout en versgemalen witte peper

1 9- tot 9½-inch taartvorm gemaakt van taartdeeg ([>]), gedeeltelijk gebakken en gekoeld
½ kleine appel (een zure zoete appel, zoals Empire of Gala), geschild, klokhuis verwijderd en in blokjes gesneden
2 ons Gorgonzola dolce
⅔ kopje zware room
2 grote eieren

Centreer een rek in de oven en verwarm de oven voor op 400 graden F. Bekleed een bakplaat met een siliconen bakmat of perkamentpapier.

Smelt de boter in een kleine pan op laag vuur en voeg de ui toe. Kruid de ui licht met zout (de gorgonzola is zout) en witte peper en kook tot ze heel zacht maar niet gekleurd is, ca. 10 minuten; van het vuur halen.

Leg de taartvorm op het met bakpapier beklede bakpapier. Verdeel de ui, met de boter in de pan, gelijkmatig over de bodem van de korst. Strooi de appel over de ui. Snijd de gorgonzola in kleine blokjes en strooi deze over de ui en appel. Klop de room en eieren samen tot ze goed gemengd zijn, breng op smaak met zout en witte peper en giet in de taartvorm.

Schuif de bakplaat voorzichtig in de oven en bak gedurende 30 tot 40 minuten, of tot de vulling gelijkmatig is gepoft (wacht tot het midden is gepoft), bruin en gestold. Stort de quiche op een rooster en laat hem ongeveer 5 minuten afkoelen en opstijven.

Verwijder voorzichtig de zijkanten van de vorm en leg de quiche op een bord als je hem warm wilt serveren, of op een rooster als je hem wilt laten afkoelen. Serveer warm, warm of op kamertemperatuur.

VOOR 6 PORTIES

PORTIE
De quiche kan warm, warm of op kamertemperatuur worden geserveerd, als aperitief of hoofdgerecht voor lunch of diner. Als je het als hoofdgerecht serveert, overweeg dan een groene salade om het gezelschap te houden.

OPSLAG
Je kunt de quiche een paar uur licht afgedekt op het aanrecht laten staan als je hem op kamertemperatuur gaat serveren; als je het 's nachts wilt, wikkel het dan stevig in en bewaar het in de koelkast. Het beste is om het voor het serveren op kamertemperatuur te brengen of kort te verwarmen in een matige oven.

GOED IDEE
Quiche Lorraine. Laat de appel achterwege en vervang de Gorgonzola door 2 gram in heel kleine dunne plakjes gesneden Gruyère – of rasp de kaas. Fruit de ui in boter en doe hem dan in een kom. Snijd 3 reepjes gekookt spek in hapklare stukjes. (Om authentieker te zijn, begint u met een plak gerookt spek van 2 tot 3 ons, snijd ze in korte

dunne reepjes, spekjes genaamd. Kook in kokend water gedurende een minuut, giet af en dep ze droog.) Om te assembleren, voegt u de kaas toe aan bodem van de korst en top met spek. Klop de 2 eieren, ⅔ kopje slagroom en de gekookte ui samen en giet het mengsel over het spek en de kaas. Kook zoals aangegeven.

Quiche Maraîchere

WANNEER JE HET WOORD MARAÎCHÈRE ZIET, weet je dat er marktverse ingrediënten in de mix zitten. Hier zit het in een quiche boordevol selderij, prei, wortelen en kleine stukjes rode paprika. Het is een ongebruikelijke quiche omdat er veel meer groenten in zitten dan vla en de kaas er bovenop zit, niet erin.

- 1 eetlepel ongezouten boter
- 2 knolselderij, schoongemaakt en in kleine blokjes gesneden
- 2 dunne prei, alleen witte en lichtgroene delen, in de lengte in vieren gesneden, gewassen en in dunne plakjes gesneden
- 2 dunne wortelen, bijgesneden, geschild en fijngehakt
- 1 middelgrote rode paprika, ontpit, ontpit en fijngehakt

    Zout en versgemalen peper

- 1 9- tot 9½-inch taartvorm gemaakt van taartdeeg ([>]), gedeeltelijk gebakken en gekoeld
- ⅔ kopje zware room
- 1 groot ei
- 1 groot eigeel
- ⅔ bakje geraspte kaas, bij voorkeur Gruyère (cheddar is ook goed)

Smelt de boter in een grote pan op middelhoog vuur. Voeg de groenten toe en kook, al roerend, ongeveer 10 minuten, of tot ze gaar zijn. Kruid met peper en zout, schraap de groenten in een kom en laat afkoelen.

Centreer een rek in de oven en verwarm de oven voor op 400 graden F. Plaats de korst op een bakplaat bedekt met een siliconen bakmat of perkamentpapier.

Giet de groenten in de taartvorm en spreid ze uit - ze zullen de korst ongeveer vullen. Klop de room, het ei en de eierdooier door elkaar, breng op smaak met peper en zout en giet dit voorzichtig over de groenten. Afhankelijk van hoe de korst is gebakken, heb je misschien te veel vla - duw er niet op. Giet er zoveel custard in als je kunt zonder dat het overloopt en wacht een paar minuten tot het in de haken is gestold, en als je denkt dat het nodig is, giet er dan nog wat meer in. Duw de bakplaat heel voorzichtig de oven in. (Als het makkelijker voor je is, doe de quiche dan zonder de custard in de oven en giet hem erbij.)

Bak de quiche 20 minuten. Strooi de kaas erover en bak nog eens 5 tot 10 minuten, of tot de kaas goudbruin is en, belangrijker nog, de vulling gelijkmatig is gepoft (wacht tot het midden is gepoft), bruin en gestold. Leg de quiche op een rooster, verwijder de zijkanten van de pan en laat afkoelen tot hij net warm is of tot hij op kamertemperatuur is voordat hij wordt geserveerd.

VOOR 6 PORTIES

PORTIE
Serveer je de quiche als lunch of als aperitief voor een licht diner, dan kun je er een salade bij doen. Als het een snack bij de borrel wordt, snij het dan in punten die als fingerfood gegeten kunnen worden.

OPSLAG
Omdat deze quiche zo lekker is op kamertemperatuur, kun je hem een paar uur van tevoren maken en op het aanrecht laten staan. Restjes van quiche kunnen worden verpakt, gekoeld en de volgende dag worden gegeten – ofwel kort opwarmen in de oven of op kamertemperatuur laten komen.

Spinazie en spek quiche

Ik was verrast toen ik op een ochtend vroeg de keuken binnenging en zag dat mijn man blij was met restjes van deze quiche als ontbijt. Maar echt, waarom niet? Het heeft zo ongeveer alles wat een omelet met spinazie zou kunnen hebben - eieren, spinazie, spek en kaas - en wie zou dat niet lekker vinden als ontbijt? (Behalve een Fransman, die een croissant in zijn koffie wilde dopen en stopte.)

    Hoewel deze hartige taart kwalificeert als een quiche, is het in tegenstelling tot de meeste quiches dat kaas geen primair ingrediënt is. Er zit meer vulling dan vla in deze quiche, een iets meer propvolle versie van de versies die tijdens de lunch worden geserveerd in de cafés in mijn Parijse buurt, en meer smaken – je krijgt rokerig (spek), zoet (ui en knoflook), mineraal. (de spinazie) en de room (de room).

1	9- tot 9½-inch taartvorm gemaakt van taartdeeg ([>]), gedeeltelijk gebakken en gekoeld
10	ons kant-en-klare babyspinazie (of ongeveer 1¼ pond gewone spinazie, bijgesneden en gewassen)
4	reepjes spek
1	kleine ui, fijngehakt
1	grote teentjes knoflook, gespleten, zaad verwijderd en fijngehakt
	Zout en versgemalen peper
2	grote eieren
⅔	kopje zware room
¼	kopje vers geraspte Parmezaanse kaas

Centreer een rek in de oven en verwarm de oven voor op 400 graden F. Plaats de taartvorm op een bakplaat bedekt met een siliconen bakmat of perkamentpapier.

    Plaats een stoommandje in een grote pan om de spinazie te koken. Giet zoveel water dat het bijna tot aan de stomer komt, dek af en breng aan de kook. Voeg de spinazie toe, dek af en stoom tot ze zacht en goed geslonken is, ca. 4 minuten. Verwijder de spinazie, giet af en laat afkoelen onder zeer koud water om af te koelen en de kleur in te stellen.

Als de spinazie koel genoeg is om je handen niet te verbranden, knijp je hem tussen je handpalmen om zoveel mogelijk vocht te onttrekken; doe dit in groepjes zodat je harder kunt knijpen. Leg de spinaziestukjes op een snijplank en hak of snijd de spinazie grof in dunne plakjes.

Doe de bacon in een koekenpan, zet de pan op middelhoog vuur en bak, af en toe draaiend, tot de bacon aan beide kanten krokant is. Leg het spek op een met keukenpapier beklede plaat om uit te lekken en droog te deppen (zet de pan opzij). Snijd het spek kruiselings in dunne reepjes.

Giet op 1 eetlepel na al het vet uit de pan, zet de pan terug op middelhoog vuur en gooi de ui en knoflook erdoor. Breng op smaak met zout en peper en kook tot ze zacht maar niet gekleurd zijn, ca. 5 minuten; van het vuur halen. Voeg de spinazie en spekjes toe aan de pan, meng om te combineren en voeg een beetje meer zout en een paar royale pepers toe.

Vouw het spinazie-ui-mengsel in de korst en verdeel het zo gelijkmatig mogelijk. Klop de eieren en room samen tot ze goed gecombineerd zijn en giet ze in de taartvorm, waarbij de vla een minuut de tijd krijgt om rond de spinazie te sijpelen en in te trekken. Bestrooi de bovenkant van de quiche met Parmezaanse kaas.

Schuif de bakplaat voorzichtig in de oven en bak gedurende 30 tot 40 minuten, of tot de vulling gelijkmatig is gepoft (wacht tot het midden is gepoft), bruin en gestold. Leg de quiche op een rooster, verwijder de zijkanten van de pan en laat minstens 5 minuten afkoelen en opstijven voordat u hem serveert.

VOOR 6 PORTIES

PORTIE
Zoals veel quiches is deze uitstekend warm of net warm en nog steeds erg goed op kamertemperatuur, dus wanneer je hem serveert, is aan jou.

OPSLAG

Overgebleven quiche kan worden afgedekt en in de koelkast worden bewaard; breng voor het serveren op kamertemperatuur. Als je keuken koel is, kun je de quiche afdekken en een nacht op kamertemperatuur laten staan. Doe dat en als je net als mijn man bent, wil je misschien een plakje als ontbijt.

Champignons en sjalot quiche

PADDESTOELEN EN SJALOTTEN ZIJN EEN KLASSIEKE combinatie en de basis van de traditionele fijngehakte vulling genaamd duxelles. Hier wordt de combinatie gebruikt om een diepe, aardse smaak te geven aan een andere klassieker, quiche. Gewone witte champignons zijn een uitstekende quiche, maar als je wilde paddenstoelen gebruikt, of een mengsel van wilde en witte paddenstoelen, wordt het gerecht alleen maar lekkerder.

- 1½ eetlepels ongezouten boter
- 2 sjalot, fijngehakt

    Zout en versgemalen peper

- 1½ pond champignons, bijgesneden, schoon gedroogd en in plakjes van ¼ inch dik gesneden
- 2 eetlepels fijngehakte verse tijm
- 1 9- tot 9½-inch taartvorm gemaakt van taartdeeg ([>]), gedeeltelijk gebakken en gekoeld
- ¾ kopje zware room
- 2 grote eieren
- 2 ui, alleen witte en lichtgroene delen, dun gesneden
- 2 eetlepels fijngeraspte Gruyère

Smelt de boter in een grote koekenpan, bij voorkeur een koekenpan met anti-aanbaklaag. Voeg de sjalotten toe, breng op smaak met peper en zout en kook op middelhoog vuur al roerend tot ze glazig zijn, ca. 2 minuten. Voeg de champignons toe, breng opnieuw op smaak met zout en peper, zet het vuur hoog en kook, al roerend, tot ze zacht en bruin zijn in 5 tot 8 minuten. De paddenstoel zal eerst alle vloeistof in de pan opzuigen, dan zal hij het uitstralen en dan zal het verdwijnen. Bestrooi de champignons met 1 eetlepel tijm en kook nog 30 seconden, doe de champignons dan in een kom en laat ze minimaal 15 minuten afkoelen.

Centreer een rek in de oven en verwarm de oven voor op 350 graden F. Plaats de korst op een bakplaat bedekt met een siliconen bakmat of perkamentpapier.

Strooi de resterende eetlepel tijm over de bodem van de korst. Giet over de champignons, vermijd dat er vloeistof in de kom is opgehoopt. Klop de room en eieren lichtjes samen tot ze goed gemengd zijn, breng op smaak met zout en peper en giet over de champignons. Bedek de custard gelijkmatig met gesneden lente-uitjes en geraspte kaas.

Schuif de bakplaat voorzichtig in de oven en bak gedurende 30 tot 35 minuten, of tot de custard gelijkmatig is opgeblazen (wacht tot het midden is opgeblazen), licht goudbruin en hard geworden. Leg de quiche op een rooster, verwijder de zijkanten van de pan en laat de quiche afkoelen tot hij net warm is of tot hij op kamertemperatuur is voordat hij wordt opgediend.

VOOR 6 PORTIES

PORTIE
Je kunt de quiche combineren met soep of salade of beide, maar hij is ook heerlijk op zichzelf.

OPSLAG
Hoewel warm of op kamertemperatuur het lekkerst is op de dag van bereiding, kan de quiche een nacht in de koelkast worden bewaard. Voor het serveren op kamertemperatuur laten komen of kort opwarmen in een matige oven.

Geroomde champignons en eieren

HIER IS EEN VOORZORGSMAATREGEL VOOR EEN PROBLEEM dat werd voorkomen en een recept werd gemaakt. Vrienden kwamen eten en mijn plan was geweest om de maaltijd te beginnen met erwten, champignons en gepocheerde eieren, maar enkele minuten voordat ze arriveerden, ontdekte ik dat er iets mis was gegaan met mijn erwten (ze waren bevroren en ik had ze te ver in de koelkast ontdooid). voorschot). Dus de keuze was: sla de starter of punter over; Ik koos ervoor om te wedden. Ik had misschien iets anders gekozen als ik niet een glimp had opgevangen van een brioche van een dag oud op het aanrecht en bedacht hoe lekker brioche met champignons is. Tien minuten later serveerde ik geroosterde plakjes brioche met gebakken champignons en sjalotten, gestoofd met room en gegarneerd met warme eieren, de dooiers zacht en vloeibaar. Ik had destijds alleen witte champignons bij de hand, maar toen ik het gerecht daarna vele malen maakte, bevestigde ik wat gemakkelijk te raden zou zijn:

10	ons champignons, bij voorkeur een mix van wilde en gecultiveerde, alleen doppen, schoon gedroogd
1	eetlepel ongezouten boter
1½	theelepels olijfolie
1	grote sjalot, fijngehakt, gespoeld en drooggedept
	Zout en versgemalen peper
½	kopje zware room
1	theelepel gehakte verse rozemarijn
1	theelepel gehakte verse munt
4	kleine sneetjes brioche, huisgemaakt ([>]) of in de winkel gekocht, of challah, licht geroosterd
4	Ruffly gepocheerde eieren ([>]) of gepocheerde eieren ([>])

Als je grote champignons hebt, snijd ze dan in plakjes van ongeveer ¼ inch dik en snijd ze dan kruislings doormidden. Als je kleinere champignons hebt, laat ze dan heel of halveer ze. Wat je zoekt zijn kleine stukjes - je wilt niet dat je gasten ze in stukken moeten snijden om ze op te eten.

Zet een middelgrote koekenpan op middelhoog vuur en voeg de boter en olie toe. Als de bubbels van de boter zijn verdwenen, gooi de sjalot erbij en kook, al roerend, tot het glinstert en zacht begint te worden, ca. 2 minuten. Voeg de champignons toe, breng op smaak met zout en peper en kook, onder regelmatig roeren, tot de champignons hun vocht hebben opgegeven. Blijf koken en roer nog ongeveer 2 minuten, tot de champignons zacht zijn, giet dan de room erbij. Breng de room aan de kook en laat ongeveer 3 minuten sudderen, tot hij een beetje dikker wordt, haal dan de pan van het vuur en roer de rozemarijn en munt erdoor.

Verdeel de brioche over saladeborden en garneer met de champignons en vervolgens de eieren.

VOOR 4 PORTIES

PORTIE
Leg een plakje brioche op elk van de vier saladeborden, schep de champignons en sjalotten op een hoek van elk plakje - het is lekker als de champignons en de room over de randen van het brood in het midden van het bord lopen, en bedek elk met een ei. Je kunt de eieren erin prikken zodat de dooier eruit loopt, of je kunt de kleine pret aan je gasten overlaten.

OPSLAG
Dit gerecht moet à la minute worden gemaakt en geserveerd - er is geen voorbereiding vooraf (tenzij u gepocheerde eieren maakt) en geen restjes achteraf.

Tomaten-kaastaartjes

ALS TOMATEN IN HET SEIZOEN ZIJN, zijn de Fransen net zo vastbesloten als wij om zoveel mogelijk manieren te vinden om de herfst te laten zien. Je ziet vaten geplaveid met overlappende cirkels van erfstuktomaten die alleen met olijfolie zijn aangekleed; tomaten- en mozzarellasalades met dikke, stroperige balsamicoazijn; en taarten zoals deze, die op zichzelf kunnen staan als lunch.

Zoals sint-jakobsschelp en ui Tartes Fines ([>]) en pizza verse tonijn, mozzarella en basilicum ([>]), deze taartjes zijn gebouwd op een bodem van bladerdeeg dat is verzwaard zodat het plat knapperig gebakken is. Plakjes tomaat en kaas - ofwel mozzarella of geit - worden eroverheen gedraaid. Onzichtbaar, maar veel smaak gevend is een basis van tapenade of pesto. Als de taartjes zijn samengesteld, kunt u ze direct serveren of heel kort opwarmen. In beide gevallen zijn ze het lekkerst met een beetje olijfolie en wat verse basilicumblaadjes. Als je ze meer als een salade wilt maken, kun je ze besprenkelen met balsamicoazijn.

Een opmerking over hoeveelheden: dit is bijna net zo goed een idee als een recept. De hoeveelheid bladerdeeg is exact, maar de afmetingen voor de andere ingrediënten zijn meer bij benadering - je moet zelf bepalen hoeveel tomaten en hoeveel kaas je wilt; idem, hoeveel tapenade of pesto. En met een recept als dit kun je meer of minder taartjes maken, en je kunt de grootte veranderen – kleinere taartjes zijn geweldig voor aperitieven of picknicks.

1 vel bevroren bladerdeeg (ongeveer 8½ ounce), ontdooid
Ongeveer ⅓ kopje tapenade, huisgemaakt ([>]) of uit de winkel, of pesto, zelfgemaakt ([>]) of gekocht in de winkel

4-5 rijpe tomaten, in rondjes gesneden

1 8-ounce bal mozzarella of ongeveer ½ pond verse geitenkaas (bij voorkeur in een stok, omdat het het gemakkelijkst te snijden is)

Zout en versgemalen peper

Olijfolie, om te besprenkelen

Verse basilicumblaadjes, voor garnering

Balsamicoazijn, om te besprenkelen (optioneel)

Centreer een rek in de oven en verwarm de oven voor op 400 graden F.

Rol het bladerdeeg op een met bloem bestoven oppervlak uit tot een vierkant van ongeveer 13 inch aan een kant. Gebruik een bord of schaal met een diameter van ca. 15 cm als richtlijn, en de punt van een schilmesje, snijd en snijd 4 rondjes deeg uit. Bekleed een bakplaat met bakpapier, leg de rondjes erop en prik ze goed in met een vork. Leg nog een vel bakpapier over de rondjes en bedek met nog een stuk bakpapier om het deeg te verzwaren.

Bak de broodjes gedurende 15 minuten. Verwijder voorzichtig de bovenste bakplaat en het perkament - het kan een beetje lastig zijn, dus bescherm je handen. Als de rondjes goed bruin en krokant zijn, zijn ze gaar; Als ze er een beetje bleek en niet gaar uitzien, leg ze dan onafgedekt terug in de oven om verder te bakken. Leg de bakplaat op een rooster en laat de korstjes afkoelen tot ze net warm of op kamertemperatuur zijn. (Je kunt de broodjes tot 8 uur van tevoren bakken en onafgedekt op kamertemperatuur bewaren.)

BEREIDING VAN DE TARLETTES: Giet een dun laagje tapenade of pesto over elk rondje en laat een rand van ca. ½ tot 1 inch kaal. Wissel vervolgens plakjes tomaat en kaas af in een molenpatroon, leg een plakje tomaat en/of kaas in het midden om het gat te vullen. Nu kun je de taartjes op smaak brengen met zout en peper, besprenkelen met olie, afwerken met een blaadje basilicum en eventueel wat balsamico en serveren. Of u kunt de laatste toppings uitstellen en eerst de taartjes opwarmen.

OM DE TARLETTEN TE VERWARMEN: Nadat je de plakjes tomaat en kaas hebt toegevoegd, leg je de taartjes op een bakplaat en laat ze onder de grill lopen (houd ze ongeveer 15 cm van het vuur) tot de kaas net begint te smelten, ca. 3 minuten; of verwarm ze ongeveer 5 minuten in een oven van 425 graden. Breng ze op smaak met zout en peper, besprenkel met olijfolie en bestrooi met verse basilicum en, als je wilt, een scheutje balsamicoazijn.

VOOR 4 PORTIES

PORTIE
Dit is een cursus op zich. Als je wat sla samen met basilicum bovenop de taartjes wilt, zou dat leuk zijn, maar helemaal niet nodig.

OPSLAG
Het gesneden en gestippelde deeg voor de bodems kan maximaal 2 maanden in de vriezer worden bewaard en worden gebakken wanneer je het nodig hebt. De kant-en-klare taartjes moeten zo snel mogelijk na het samenstellen worden gegeten, anders wordt het deeg klef.

Pizza met verse tonijn, mozzarella en basilicum

INLE COMPTOIR, de Parijse bistro van chef-kok Yves Camdeborde, binnengaan is zo moeilijk dat het krijgen van een tafel opscheppen met zich meebrengt. Omdat de plaats zo klein is, het eten zo erg, erg goed is en het reserveringsbeleid niet bestaat, zijn fijnproevers uit alle delen van de wereld bereid om te allen tijde en in alle weersomstandigheden in de rij te staan, en ze klagen nooit, want dit is een plek die consequent zijn reputatie eer aan doet. Mijn appartement ligt verderop in de straat van Le Comptoir, en ik heb een persoonlijk beleid met betrekking tot het restaurant: als ik er langs loop en er is een lege tafel, neem ik het.

Camdeborde werkte in de keuken van Le Crillon tijdens het bewind van Christian Constant (zie[>]voor de eieren van Constant), toen het restaurant de topwaardering van drie sterren in de Michelingids had behaald, en hij schokte de culinaire elite toen hij naar beneden verhuisde om zijn eigen restaurant te openen waar, zoals hij zei, "buurtmensen lekker konden eten voor de prijs van een pizza."

De prijzen zijn iets gestegen sinds Yves begon, maar ze zijn nog redelijk. Maar wat voor pizza hij dacht dat zijn buurtvrienden op dat moment aan het eten waren, zo was het zeker niet. Camdeborde's lezing van een pizza is verrassend - het is een deel pissaladière ([>]), deel salade Niçoise ([>]), en deelpizza, met een flinke dosis vindingrijkheid erin gegooid. De pizza is ook kleurrijk en makkelijk te maken, zeker als je de (gekochte) bladerdeeg rondjes van tevoren bakt.

1 vel bevroren bladerdeeg (ongeveer 8½ ounce), ontdooid
¼ pond verse mozzarella

    Extra vergine olijfolie

4 grote lente-ui, bijgesneden en fijngehakt, of 2 middelgrote uien, fijngehakt

    Zout en versgemalen peper

½ pond sushi-kwaliteit tonijn, in één stuk

12 grote verse basilicumblaadjes
4 kerstomaatjes, in vieren
4 zwarte olijven, ontpit en in vieren gesneden
4 kleine radijsjes, bijgesneden en in dunne plakjes gesneden
1 theelepel fijngehakte verse gember

Centreer een rek in de oven en verwarm de oven voor op 400 graden F.

Werk op een licht met bloem bestoven oppervlak en rol het bladerdeeg uit tot een vierkant van ongeveer 11 inch aan een kant. Gebruik een 4½-inch koekjessnijder, taartvorm of kom als richtlijn en de punt van een scherp schilmesje om 4 rondjes deeg te snijden en uit te snijden. Bekleed een bakplaat met bakpapier, leg de rondjes erop en prik ze goed in met een vork. Leg nog een vel bakpapier over de rondjes en bedek met een tweede bakplaat om het deeg te verzwaren.

Bak de broodjes gedurende 15 minuten. Verwijder voorzichtig de bovenste bakplaat en het perkament - het kan een beetje lastig zijn, dus bescherm je handen. Als de rondjes goed bruin en krokant zijn, zijn ze gaar; Als ze er een beetje bleek en niet gaar uitzien, leg ze dan onafgedekt terug in de oven om verder te bakken. Leg de bakplaat op een rooster en laat de korstjes afkoelen tot ze net warm of op kamertemperatuur zijn. (Je kunt de broodjes tot 8 uur van tevoren bakken en afgedekt op kamertemperatuur bewaren.)

DE TARLETTEN MAKEN: Snijd de mozzarella in 12 dunne plakjes, leg ze tussen een dubbele dikte keukenpapier en laat ze uitlekken terwijl je de rest van de pizza-elementen klaarmaakt.

Als je de oven hebt uitgeschakeld, zet hem dan terug op 400 graden F.

Zet een middelgrote koekenpan op middelhoog vuur en giet er ongeveer 2 theelepels olijfolie in. Voeg als de olie heet is de uien toe en kook, al roerend, tot ze zacht maar niet gekleurd zijn, ca. 5 minuten; Kruid met peper en zout. Haal de pan van het vuur en verdeel de uien over de 4 deegrondes, spreid ze uit tot bijna aan de rand van de cirkels.

Gebruik een lang dun mes en snijd de tonijn tegen de draad in in 12 dunne plakjes. Bestrijk een kant van elk plakje met een beetje olie en bestrooi licht met zout en peper.

Beleg elk van de deegcirkels met afwisselend en licht overlappende plakjes tonijn (pittige kant naar boven), mozzarella en basilicum, gebruik 3 plakjes tonijn en kaas en 3 basilicumblaadjes voor elke pizza. Strooi er tomaten, olijven en radijzen over en strooi er gember over. Besprenkel elke pizza heel spaarzaam met een beetje olijfolie en werk af met een snufje zout en peper.

Schuif de bakplaat terug in de oven en verwarm de pizza's opnieuw tot de kaas een beetje warm aanvoelt, 1 tot 2 minuten - de tonijn moet glazig blijven. Serveer warm.

VOOR 4 PORTIES

PORTIE
Het is het beste om de pizza een paar minuten nadat hij uit de oven komt te serveren, zodat het deeg vers en schilferig is en de tonijn een beetje warm.

OPSLAG
Je kunt de bladerdeegcirkels tot 8 uur van tevoren bakken en op kamertemperatuur bewaren; idem de gebakken uien. Eenmaal geassembleerd, moeten de pizza's onmiddellijk worden gebakken en, eenmaal gebakken, pronto worden geserveerd.

Coquilles en Uien Tartes Fines

IK BEN NIET ZEKER WAT chef-kok Yves Camdeborde uit PARIJS in gedachten had toen hij deze flinterdunne (of fijne) bladerdeegtaartjes maakte. Wie, behalve een begenadigd chef-kok, zou denken aan het beleggen van gekaramelliseerde langzaam gegaarde uien met plakjes zoetzure sint-jakobsschelpen? Een briljante combinatie, een heerlijk gerecht en een chef's special die door iedereen thuis perfect kan worden nagemaakt. De basis van de taartjes is bladerdeeg uit de winkel, uitgerold, gesneden en vervolgens gebakken tussen twee bakplaten om te voorkomen dat het precies doet waarvoor het bedoeld is: bladerdeeg.

Ik vind één ding bijzonder geweldig aan deze taart: de textuur van de sint-jakobsschelpen. Verse rauwe sint-jakobsschelpen hebben een gladde en fluweelachtige textuur die tijdens het koken vaak moeilijk te behouden is. Geen probleem hier - de dun gesneden sint-jakobsschelpen worden in mooie overlappende cirkels op de lente-uitjes gelegd, daarna worden de taartjes een paar minuten in een hete oven geschoven, net lang genoeg om de sint-jakobsschelpen zachtjes te verwarmen en hun textuur een beetje rauw. Een scheutje olijfolie en de taartjes zijn klaar om te serveren.

1 vel bevroren bladerdeeg (ongeveer 8½ ounce), ontdooid
4 reepjes spek of 3 plakjes pancetta
1 eetlepel ongezouten boter
¾ pond ui (ongeveer 2 medium), dun gesneden of fijngehakt

Zout en versgemalen peper

1 pond droog verpakte schelpen

Extra vergine olijfolie

Centreer een rek in de oven en verwarm de oven voor op 400 graden F.

    Rol het bladerdeeg op een met bloem bestoven oppervlak uit tot een vierkant van ongeveer 13 inch aan een kant. Gebruik een bord of schaal met een diameter van ca. 6 inch als richtlijn, en de punt van een scherp schilmesje, snijd en knip dan 4 rondjes deeg uit. Bekleed een bakplaat met bakpapier, leg de rondjes erop en prik ze goed in met een vork. Leg nog een vel bakpapier over de rondjes en bedek met nog een stuk bakpapier om het deeg te verzwaren.

Bak de broodjes gedurende 15 minuten. Verwijder voorzichtig de bovenste bakplaat en het perkament - het kan een beetje lastig zijn, dus bescherm je handen. Als de rondjes goed bruin en krokant zijn, zijn ze gaar; Als ze er een beetje bleek en niet gaar uitzien, leg ze dan onafgedekt terug in de oven om verder te bakken. Leg de bakplaat op een rooster en laat afkoelen. (Je kunt de rondjes tot 8 uur van tevoren invriezen en onafgedekt op kamertemperatuur bewaren.)

Doe de spekreepjes of pancetta in een koekenpan, zet de pan op middelhoog vuur en bak, af en toe draaiend, tot het spek aan beide kanten krokant is. Breng over naar een bord bekleed met een dubbele laag keukenpapier, dek af met nog een dubbele laag keukenpapier en dep droog (zet de pan opzij). Snijd het spek kruiselings in dunne reepjes.

Giet op 1 eetlepel na al het vet uit de pan, zet de pan op laag vuur en voeg de boter toe. Als ze gesmolten zijn, gooi de uien erdoor, breng op smaak met zout en peper en kook, vaak kerend, tot ze zacht en karamelbruin zijn. Even geduld a.u.b. - dit duurt ongeveer 20 minuten. Roer de spekreepjes erdoor en breng op smaak met zout en peper. Haal van het vuur.

OM DE TARTJES TE VULLEN: Als je de oven hebt uitgeschakeld, zet hem dan terug op 400 graden F.

Verwijder de kleine spier die aan de zijkant van elke sint-jakobsschelp zit en leg de sint-jakobsschelpen op een snijplank. Snijd met een scherp schilmesje de sint-jakobsschelpen horizontaal in dunne bloemblaadjes – u krijgt waarschijnlijk 3 plakjes van elke sint-jakobsschelp.

Verdeel het ui-spekmengsel over de 4 korsten, gebruik de achterkant van een lepel om de ui gelijkmatig tot aan de randen te verdelen. Gebruik hetzelfde aantal plakjes sint-jakobsschelp voor elke taart en leg de sint-jakobsschelpen in concentrische cirkels over de uien, waarbij ze de plakjes lichtjes overlappen. Kruid de sint-jakobsschelpen met peper en zout en besprenkel elk taartje met een beetje olijfolie.

Schuif de bakplaat 3 tot 4 minuten in de oven, net lang genoeg om de sint-jakobsschelpen warm te maken. Serveer onmiddellijk.

VOOR 4 PORTIES

PORTIE
De taartjes zijn op zichzelf al lekker en mooi; ze hebben niets anders nodig dan vorken en messen.

OPSLAG
Je kunt de bladerdeegcirkels tot 8 uur van tevoren maken (bewaar ze op kamertemperatuur) en de uien bak je een paar uur van tevoren. Het zijn de sint-jakobsschelpen die niet hoeven te wachten. Hoewel je ze een paar uur van tevoren kunt snijden en tussen plasticfolie in de koelkast kunt bewaren, moet je de taartjes bakken zodra je ze op de uien hebt gelegd. en als je ze hebt gebakken, moet je ze meteen opdienen.

Wafels met gerookte zalm

WAFELS ZIJN EEN SPECIALITEIT in Noord-Frankrijk, het grensgebied met België, geliefd in het hele land en, hoe vreemd het ons ook lijkt, bijna nooit geserveerd in de ochtend. Voor de Fransen zijn wafels vaak een tussendoortje - je kunt ze op straat kopen bij dezelfde verkopers die pannenkoeken maken - meestal een toetje (zoals wafels met slagroom,[>]), en soms een lekker aperitief of tussendoortje, wat de perfecte rol is voor deze elegante wafels gevuld met gerookte zalm.

Het beslag wordt op smaak gebracht met bieslook en uien, samen met de zalm. Ik gebruik een standaard wafelijzer, maar in restaurants in Parijs worden wafels vaak geserveerd als miniversies, gemaakt door kleine puntjes beslag op het strijkijzer te gieten. Of je de wafels nu klein of groot maakt (je snijdt ze in kleinere blokjes), ze zijn heerlijk met een klodder crème fraîche of zure room en nog mooier als je ze afwerkt met wat zalmkuitparels.

1¾ kopjes bloem voor alle doeleinden
2 theelepels bakpoeder
1¼ theelepels zout, of naar smaak
¼ theelepel versgemalen peper, of naar smaak
1¾ kopjes volle melk
2 grote eieren
6 eetlepels (¾ stok) ongezouten boter, gesmolten
3 ons dun gesneden gerookte zalm, in dunne reepjes of plakjes gesneden
5 ui, alleen witte en lichtgroene delen, in de lengte gehalveerd en in dunne plakjes gesneden
3 eetlepels gehakte verse bieslook (of meer bieslook), plus meer om te bestrooien

Crème fraîche of zure room, om te serveren

Zalmkuit, voor topping (optioneel)

Klop de bloem, bakpoeder, zout en peper samen in een middelgrote kom. Klop in een andere kom of een grote maatbeker met schenktuit de melk, eieren en gesmolten boter door elkaar. Giet de vloeibare ingrediënten over de droge en meng alles voorzichtig door elkaar - het is beter om wat klontjes te hebben dan het beslag te kloppen. Roer de gerookte zalm, ui en bieslook erdoor. (U kunt het beslag afdekken en maximaal 1 uur op kamertemperatuur laten staan voordat u wafels gaat maken; goed roeren voor gebruik.)

Als je klaar bent om de wafels te maken, verwarm dan een wafelijzer voor volgens de instructies van de fabrikant. Als het strijkijzer niet plakkerig is, borstel het dan licht in met olie of spuit het in met groentespray. Als je de wafels warm wilt houden terwijl je de hele batch maakt, centreer dan een rek in de oven en verwarm de oven voor op 200 graden F; bekleed een bakplaat met een siliconen bakmat of bakpapier.

Als het strijkijzer heet is, giet je ongeveer ½ kopje beslag over de roosters en gebruik je een spatel om het gelijkmatig over het oppervlak te verdelen - je wilt een dunne laag. (Hoeveel beslag je precies nodig hebt, hangt af van de grootte van je strijkijzer.) Laat het beslag ca. 30 seconden voordat je het deksel sluit en bak de wafel tot hij aan de onderkant mooi bruin is - dat is de kant die altijd het bruinst en het mooist is, wat je ook doet. Om de wafels warm te houden als je ze niet serveert, leg je ze op de bakplaat en schuif je ze in de oven. Ga door tot je al het beslag hebt gebakken.

Snijd de wafels in vieren en schik de kwarten op borden. Bedek elk met crème fraîche of zure room, zalmkuit, indien gebruikt, en een snufje bieslook. Of, als je miniwafels hebt gemaakt, kun je er millefeuilles mee maken door de wafels met slagroom te besmeren. Reken op 3 kleine stapeltjes wafels per portie.

MAAKT 8 WAFELS (CA. 7 INCH IN DIAMETER)

PORTIE
Je kunt de wafels in de keuken schikken, ze bedekken met crème fraîche of zure room en zalmkuit, als je die gebruikt; je kunt gewoon de wafels en feestjes neerzetten en de gasten zelf laten maken; of je kunt je fantasie de vrije loop laten en stapelbare miniwafels maken. Ze zullen heerlijk zijn, hoe je ze ook serveert.

OPSLAG

Wafels kunnen het beste warm van het strijkijzer worden gegeten, hoewel ze ongeveer 20 minuten in een oven van 200 graden F kunnen worden bewaard. U kunt vers gemaakte of overgebleven wafels invriezen. Plaats ze tussen vellen vetvrij papier en pak ze luchtdicht in. Om ze nieuw leven in te blazen, ontdooit u ze, verwarmt u ze opnieuw en bakt u ze opnieuw in een broodrooster of broodroosteroven.

Boekweit Blini met gerookte zalm en Crème Fraîche

TERWIJL BLINI misschien gedachten aan Rusland oproept en een beeld oproept van blikjes vol met kaviaar en ijsemmers vol met wodka, maakt het woord net zo goed deel uit van het cocktailvocabulaire in Frankrijk als in Rusland, of trouwens in de VS. . En de boekweit die de blini's een mooie bruine kleur en een diepe nootachtige smaak geeft, is ook erg Frans - het is het favoriete meel voor Bretagne's hartige pannenkoeken. Blini's zijn zelfs zo populair in Frankrijk dat zelfs kleine gemakswinkels ze in de koelkast hebben liggen, en hoewel ze meestal geen kaviaar verkopen, hebben ze vaak andere dingen, zoals taramasalata (karperkuit), kuit met kuit en gerookte zalm , die uitstekende toppers zijn.

Thuis je eigen blini maken is zowel leuk als gemakkelijk, zo niet zo eenvoudig als ze halen bij de nabijgelegen 7-Eleven (of 8 à Huit, het Franse equivalent), aangezien dit met gist gerezen pannenkoeken zijn en je de opkomst moet geven enige tijd om zijn puffende kracht op te bouwen. Maar de tijd is kort - laat het beslag anderhalf uur rusten en je bent klaar om te gaan; laat het een nacht rusten, en de blini zal nog meer smaak hebben.

Ik serveer de blini meestal met daarop gerookte zalm, een heel klein toefje crème fraîche, wat zalmkuit en luchtige dille, maar de keuze is groot en aan jou.

WEES VOORBEREID: Het deeg moet 60 tot 90 minuten rijzen.

1½ kopjes volle melk
4 eetlepels (½ stokje) ongezouten boter, in 8 stukken gesneden
¾ kopje bloem voor alle doeleinden
½ kopje boekweitmeel
2 eetlepels suiker
2 theelepels actieve droge gist
½ theelepel zout
3 grote eieren, licht losgeklopt
Dunne plakjes gerookte zalm, crème fraîche, zalmkuit (optioneel) en kleine takjes dille als topping

Verwarm de melk en boter in een steelpan op laag vuur (of in een magnetron) tot de boter is gesmolten en de melk warm aanvoelt - je streeft naar 110 graden F. (Als je de temperatuur overschrijdt, laat de mengsel koel.)

Meng bloem voor alle doeleinden, boekweitmeel, suiker, gist en zout in een middelgrote kom. Giet de warme melk en boter over de droge ingrediënten en klop voorzichtig tot een glad mengsel. Dek de kom af met plastic folie, zet hem op een warme, tochtvrije plek en laat 60 tot 90 minuten rijzen, of tot hij bubbelt en verdubbeld is in omvang. (Het beslag kan een nacht afgedekt in de koelkast worden bewaard; als u het beslag in de koelkast bewaart, laat het dan ongeveer 20 minuten op kamertemperatuur komen voordat u verder gaat.)

Klop het beslag los en roer de losgeklopte eieren erdoor.

Vet, olie of spuit een blinipan, bakplaat of koekenpan licht in en zet op middelhoog vuur. (Elektrische bakplaten moeten worden voorverwarmd tot 350 graden F.) Als u niet elke batch gaat serveren terwijl deze kookt, centreer dan een rek in de oven en verwarm de oven voor op 200 graden F; bekleed een bakplaat met een siliconen bakmat of bakpapier.

Laat voor elke blini 2 eetlepels beslag in de pan vallen en laat ruimte tussen de klodders beslag om uit te smeren. Als de onderkant van de blini goudbruin is en de bovenkant bezaaid met bubbels, draai je de blini om en bak je hem tot de andere kant lichtbruin is. (De tweede kant kookt altijd sneller dan de eerste kant, en het is nooit mooi - het is gewoon een feit bij het maken van pannenkoeken.) Je kunt de blini's nu aankleden, heet van de bakplaat, of ze op de bakplaat leggen, lichtjes afdekken en bewaar ze in de voorverwarmde oven terwijl je de rest van de batch kookt.

Garneer de blini voor het serveren met gerookte zalm, crème fraîche, zalmkuit (indien gebruikt) en dille.

VOOR 6 PORTIES

PORTIE
Ik garneer de warme blini graag met het werk: een dun plakje gerookte

zalm, een lepel crème fraîche, wat zalmkuit en een klein takje verse dille.

OPSLAG
Je kunt het beslag een dag van tevoren maken, en je kunt de blini ook een dag van tevoren maken. Om ze opnieuw op te warmen, plaatst u ze op een bakplaat bedekt met een siliconen bakmat of perkamentpapier, borstelt u ze lichtjes met gesmolten boter en verwarmt u ze in een oven van 350 graden F gedurende 10 tot 15 minuten.

Tonijn Verpakte Piquillo Pepers

MET EEN BUIK VOL Tonijn bezaaid met kappertjes, olijven en munt zien deze knalrode piquillo pepers eruit als een verrassingspakket. Op zichzelf is het tonijnmengsel een goede topping voor dunne sneetjes geroosterd stokbrood of crackers, maar samen met de zoete, rokerige paprika en opgewarmd vlak voor het opdienen lijkt het mengsel bijna exotisch. Het zijn de paprika's die het doen - ze kunnen zo ongeveer alles speciaal maken.

Als je in Spanje zou zijn, waar piquillo-paprika's groeien, of in het Franse Pays Basque, waar ze een hoofdbestanddeel zijn, zouden gevulde paprika's als tapas worden beschouwd, smakelijke kleine dingen om bij de borrel te hebben, en er is geen reden om ze als zodanig niet te eten. maakt niet uit waar je woont. Maar omdat het mes-en-vorkbeten zijn, serveer ik ze graag als mijn gasten aan tafel zitten en het bestek kunnen manoeuvreren en van hun wijn kunnen genieten zonder te jongleren.

Afhankelijk van hoe en wanneer je deze serveert, wil je dit recept misschien verdubbelen.

1 5- tot 6-ounce kan lichte tonijn verpakt in olie bijten, uitgelekt

Geraspte schil van ½ citroen

1 eetlepel kappertjes, afgespoeld, drooggedept en fijngehakt
1 eetlepel fijngehakte sjalotten (ongeveer ¼ groot), gespoeld en gedroogd
4 Niçoise-olijven, ontpit en in stukjes gesneden, of 1 eetlepel gehakte zwarte of groene olijven
2 theelepels fijngehakte verse munt of peterselie
1 eetlepel vers citroensap (meer of minder naar smaak)

Ongeveer 2 eetlepels extra vergine olijfolie

Zout en versgemalen peper

6 piquillo pepers (zie Bronnen[>]), uitgelekt en drooggedept

Doe de tonijn in een kom en draai hem lichtjes om met een vork om hem uit elkaar te halen. Hoewel je het kunt pureren, vind ik het lekker als het nog een beetje schilferig is. Roer de citroenschil, kappertjes, sjalotten, olijven en munt of peterselie erdoor. Voeg 2 theelepels citroensap en 1 eetlepel olijfolie toe, evenals een beetje peper, en proef. Je wilt waarschijnlijk een extra theelepel citroensap, en misschien wil je een extra theelepel olie - het hangt af van de tonijn en je smaak. Als je denkt dat het mengsel zout nodig heeft, voeg het dan nu toe.

Open de paprika's voorzichtig met je vingers en vul elke paprika met een eetlepel vulling. De paprika moet mollig zijn, maar niet tot de rand gevuld. Leg ze in een licht met olie ingevette koekenpan (het is niet erg als ze elkaar raken) of leg ze op een licht met olie ingevette bakplaat. Bewaar overgebleven vulling om als topping te gebruiken. (Je kunt de paprika's afdekken en een paar uur op kamertemperatuur laten staan, of ze maximaal 6 uur in de koelkast bewaren; breng de paprika's indien mogelijk op kamertemperatuur voordat je ze opnieuw opwarmt.)

Plaats vlak voordat u klaar bent om te serveren een rek op 10 cm van de grill en zet de grill aan. (Je kunt het braden overslaan en de paprika's op kamertemperatuur serveren, als je dat wilt, maar een beetje warmte brengt de smaken echt samen.) Besprenkel een paar theelepels olijfolie over de paprika's en plaats ze onder de grill. Bak gedurende 5 tot 10 minuten, totdat het goed is opgewarmd. Serveer onmiddellijk.

VOOR 6 PORTIES

PORTIE
Deze hebben niet meer nodig dan een glas wijn en misschien wat brood om het bord mee af te vegen.

OPSLAG
Je kunt de paprika's van te voren vullen en tot 6 uur afgedekt in de koelkast bewaren.

piquillo pepers

Als piquillo-pepers alleen bestonden omdat het leuk is om hun naam te zeggen - "peek-ee-oh" - dan zou ik dat prima vinden. Maar in feite kan het zeggen van hun naam je niet alleen het amusement van alliteratie geven, maar ook het plezier van het genieten van een peper die licht rokerig, aangenaam zoet en een prachtige scharlakenrode kleur heeft.

De paprika, die royaal wordt gebruikt in de Baskische keuken en in de keukens van beroemde chef-koks in heel Frankrijk, komt niet uit Frankrijk, maar komt uit Navarra, net over de grens met Spanje. Wat ze zo bijzonder maakt, is dat ze worden geroosterd, geschild en gebotteld (soms in blik) – het is geen groente die je vers op de markt koopt. Ze zijn ongeveer 5 cm van de afgeronde uiteinden tot de brede toppen, het vruchtvlees is stevig en ze zijn ruim genoeg om een mollige eetlepel vulling te bevatten. En in feite is het vullen van de paprika's een geweldige manier om ermee te pronken, net als door ze aan een salade toe te voegen.

Zoek naar piquillo's met het DO-symbool (Designation of Origin), wat bevestigt dat ze in Navarra zijn gekweekt en gegrild. De paprika's zijn niet goedkoop, maar wel onderscheidend - en ook erg lekker.

Winterse Ceviche

TOEN DE IN PARIJS GEBASEERDE BLOGGER ME ZIMBECK deze ceviche van sint-jakobsschelp naar een potluck-diner bracht, stond ik versteld van de manier waarop ze erin was geslaagd om een typisch Latijns-Amerikaans gerecht dat bekend staat om zijn hitte en zuurheid te nemen en het te vormen zodat het past bij het tammere Franse gehemelte. Waar een ceviche ten zuiden van de grens misschien chili had, gebruikte Meg sjalotten; waar knapperige groenten hadden kunnen zijn, voegde ze druiven toe; waar koriander misschien aan de mix was toegevoegd, koos Meg voor dragon, een typisch Frans kruid; en waar zuur zou hebben gezegevierd, hield een pittige zoetheid (citrusvruchten verzacht door mangonectar) stand. Het was een briljant brouwsel, maar op typische Meg-manier noemde ze het, toen ze me het recept stuurde, Strange, Made-Up Winter Ceviche, een geestige naam die zowel het recept als haar culinaire verbeelding verkortte.

Dit gerecht is makkelijk te vermenigvuldigen en dus perfect voor feestjes, zeker tijdens de feestdagen.

WEES VOORBEREID: De coquilles moeten minimaal 1 uur marineren.

½ sjalotten, dun gesneden, gespoeld en gedroogd
½ theelepel sherryazijn

Fleur de sel of ander zeezout en versgemalen peper

Fijngeraspte schil en sap van 1 citroen

Fijngeraspte schil en sap van 1 limoen

½ kopje mangonectar
1 eetlepel bruine suiker
laurier sint-jakobsschelpen, taaie zijspier verwijderd (of 4
12 sint-jakobsschelpen, zijspier verwijderd en in vieren gesneden)
1 kopje verse dragonblaadjes
2 theelepels extra vergine olijfolie
12 pitloze druiven, gehalveerd (of in vieren, indien erg groot)

Doe de sjalotten in een kleine kom met de azijn, een snufje zeezout en wat peper en roer om te bevochtigen. Dek de kom af en laat op kamertemperatuur komen.

Klop in een kom citroen- en limoenschil en -sap, mangonectar, bruine suiker en een scheutje zout en peper door elkaar. Voeg de sint-jakobsschelpen toe, keer ze om in de marinade, dek ze af en zet ze minimaal 1 uur tot maximaal 4 uur in de koelkast.

Als je klaar bent om te serveren, doe je de dragonblaadjes in een kleine kom, besprenkel met olijfolie en breng op smaak met zout en peper. Verdeel de bladeren over vier kleine schaaltjes.

Haal de sint-jakobsschelpen uit de marinade, verdeel ze over de kommen en breng ze eventueel op smaak met zout en peper. Doop de druiven snel in de marinade en verdeel ze gelijkmatig over de sint-jakobsschelpen. Maak het gerecht af met sjalotjes. Je kunt het gerecht serveren zoals het is, of je kunt een beetje marinade in elke kom scheppen - ik schep er meer dan een beetje marinade in, omdat ik er verslaafd aan ben.

VOOR 4 PORTIES

PORTIE
Zodra je de borden hebt gerangschikt, serveer je - je wilt niet dat de dragon zijn kracht verliest.

OPSLAG
Hoewel de sint-jakobsschelpen minimaal 1 uur moeten marineren, is bewaren geen optie.

Tonijn en Mango Ceviche

GEÏNSPIREERD OP DE KEUKEN VAN SENEGAL, de West-Afrikaanse natie die ooit een Franse kolonie was, is dit gerecht opgebouwd rond twee van de belangrijkste exportproducten van Senegal, mango's en avocado's. Het is op smaak gebracht met rum, een drankje waaraan de Fransen op de Antillen gehecht raakten en meenamen naar Afrika, en het is een voorgerecht bij een hoofdgerecht dat oorspronkelijk gegrilde gamba's (garnalen) bevatte. In deze versie vervangt tonijn de garnalen en worden de ingrediënten door elkaar gegooid en gemarineerd. Als je wilt, kun je het gerecht maken met garnalen (kleine garnalen zijn het beste), of je kunt de tonijn (of garnalen) omdraaien en bovenop de in rum geklede mango en avocado leggen, ingrediënten die qua textuur zo op elkaar lijken dat het verrassend is dat ze niet vaker samen gebruikt worden (zie Bonne Idée).

De Fransen zijn niet bepaald dol op heet en pittig eten – hitte en kruiden zijn niet wijnvriendelijk – maar het eten van Afrika (en de Antillen trouwens) heeft wat pittigheid, en hete peper of tabascosaus is geen onbekende naar deze keukens, zo heet Voel je vrij om het gerecht naar smaak aan te passen. Afhankelijk van mijn publiek gooi ik een gebarsten hete peper of een extra scheutje Tabasco in de mix. Door het vuur hoger te zetten, lijkt ook de zoetheid van de mango, de zachtheid van de avocado en de rijkdom van de tonijn te stijgen.

WEES VOORBEREID: De ceviche moet 1 uur gemarineerd worden.

- 2 limoen
- 1 grote mango, geschild, klokhuis verwijderd en in blokjes van ½ inch gesneden
- 1 grote avocado, geschild, ontpit en in blokjes van ½ inch gesneden
- 1 kleine rode ui, gehalveerd, in dunne plakjes gesneden, afgespoeld en drooggedept
- 2 schijfjes verse gember ter grootte van een kwart, geschild en fijngehakt
- 1 kleine rode chilipeper, fijngehakt (optioneel)
- ½ pond tonijn van sushi-kwaliteit, in blokjes van ½ inch gesneden
- 4 theelepels extra vergine olijfolie

1 eetlepel witte rum

Tabasco naar smaak

Zout en versgemalen peper

Verse korianderblaadjes, voor garnering

Rasp de schil van beide pasta's fijn in een middelgrote kom. Snijd een van de stokjes kruiselings doormidden en snijd van de ene helft stukjes fruit uit de vliezen. Snijd de partjes in zeer kleine blokjes. Gooi het fruit in de kom en pers het sap van de andere helft van de limoen in de kom. Voeg de mango, avocado, ui, gember, chili (indien gebruikt) en tonijn toe en roer alles heel voorzichtig door elkaar met een rubberen spatel.

Pers het sap van de resterende limoen in een kleine kom en klop de olijfolie en rum erdoor. Breng op smaak met Tabasco, peper en zout en giet de vinaigrette over het tonijnmengsel, roer nogmaals heel licht zodat de avocado niet kapot gaat. Proef op smaak – je krijgt nog een kans om de ceviche op smaak te brengen, dus overdrijf het nu niet – dek de kom goed af en zet hem een uur in de koelkast.

Pas bij het serveren zout, peper en tabasco toe als je denkt dat dit nodig is, en roer de ceviche nog een keer door. Serveer onmiddellijk, gegarneerd met een paar korianderblaadjes.

VOOR 4 PORTIES

PORTIE
Ik serveer de ceviche graag in martini glazen of cognac borrels, maar hij is ook lekker in kleine schaaltjes.

OPSLAG
De ceviche is op zijn hoogtepunt 1 uur nadat je hem hebt gemixt. Je kunt het nog een uur in de koelkast bewaren, maar als je te lang wacht, zal het limoensap de textuur van de vis, mango en avocado "wegkoken".

GOED IDEE

Gebakken tonijn of garnalen met mango en avocado.

Ik serveer dit als hoofdgerecht en ik maak het met 2 mango's en 2 avocado's. Als de tonijn de hoofdrol moet spelen, gebruik ik 1 pond tonijn; als garnalen het voortouw nemen, gebruik ik gamba's en figuur 5 voor één persoon. Snijd de tonijn in blokjes van 1 tot 2 inch, of pel de garnaal, laat de staartschil zitten, als je wilt, en verwijder het darmkanaal. Maak de limoenvinaigrette met het sap van 1 limoen; aan de kant zetten. Snijd de mango en avocado in dunne plakjes of reepjes en leg ze in overlappende cirkels op een bord. Strooi ui, gember en chilipeper (indien gebruikt). Bestrooi de tonijn of garnalen met zout, peper en eventueel wat rode pepervlokken. Verhit 1 eetlepel milde olie (zoals druivenpitolie of canola) in een grote koekenpan (hier is anti-aanbaklaag het beste) of wok, en als het bijna glinstert, gooi je de zeevruchten erdoor. (Het kan zijn dat je dit in groepjes moet doen.) Bak de tonijn ca. 1 minuut aan de ene kant tot hij aan de buitenkant verbrand is en van binnen gaar, de garnalen ca. 2 minuten, tot ze net gaar zijn. Giet de zeevruchten in het midden van het gerecht, kleed de mango en avocado aan met de limoenvinaigrette, geef de tonijn of garnalen een scheutje en serveer onmiddellijk, gegarneerd met korianderblaadjes. Als je nog wat vinaigrette over hebt, geef die dan aan tafel.

Zalmtartaar

IN AL DE JAREN DAT ik kook, word ik nog steeds enthousiast als ik een gerecht kan maken dat niet alleen smaakt naar iets wat ik in een restaurant heb gegeten, maar er ook zo uitziet. En als het gemakkelijk en snel perfect is, zoals bij deze drielaagse tartaar, dan is dat des te beter. Zalmtartaar in vele variaties, allemaal op basis van goed gekruide gehakte of in blokjes gesneden rauwe zalm, verschijnen regelmatig op de menukaarten van zowel chique restaurants als gezellige bistro's. Soms verschijnt de zalm solo, zoals een klassieke rundertartaar; soms is er een vleugje microgroenten of kruiden om het gezelschap te houden; en soms wordt de zalm gecombineerd met andere kleurrijke ingrediënten, zodat elke vork een levendige mix van smaken, kleuren en texturen oplevert. Deze tartaar met onder andere avocado, tomaten, limoen, munt en bieslook, is een van de levendige en een van de mooiste. Ik bouw de lagen - avocado, dan zalm, dan gesneden druiventomaten - in een 4-inch ronde pannenkoekenpan, maar je kunt het doen in schaaltjes of kommen, of in martini- of cognacglazen, die een mooie presentatie vormen.

    Hoewel je de zalm en tomaten een beetje van tevoren kunt hakken en ze met de meeste kruiden kunt mengen, voeg je pas op het laatste moment limoensap, limoenpartjes of zout toe, omdat het zuur in de limoen de zalm "kookt", bleekt. de kleur en aanscherping van de textuur. Als u het sap van tevoren toevoegt, vermindert dit niet alleen het frisse uiterlijk en de smaak van de tartaar, maar verandert de tartaar ook in een ceviche - niet erg, maar niet waar dit gerecht over gaat .

    Een laatste ding: de grootte van de porties. Ik gebruik een halve kilo zalm per persoon, dat is een royaal voorgerecht of een perfect hoofdgerecht bij een lunch met salade, kaas en lekker brood. Omdat dit een doe-het-zelf-bouwproject is, kunt u de portiegrootte eenvoudig aanpassen aan uw maaltijd.

2   limoen
1   pond zalmfilets, gesneden uit het dikke midden, huid verwijderd

2 ui, alleen de witte en lichtgroene delen, in de lengte in vieren gesneden en in dunne plakjes gesneden
2 eetlepels fijngehakte verse bieslook
1 eetlepel fijngehakte verse munt
4 theelepels extra vergine olijfolie

Zout en versgemalen peper

tabasco

20 druif tomaten
2 Heb avocado

Pistacheolie (zie Bronnen[>]; optioneel)

Houd een 4-inch pannenkoekenpan (of taart- of vlaairing) bij de hand - of gebruik vier ringen als je die hebt - of vier 1-kops ramekins of kommen bekleed met plasticfolie, of vier martini- of cognacglazen.

Rasp de schil van 1 limoen op een vel bakpapier. Schil met een scherp mes de lijm en verwijder al het witte merg. Werk boven een kom om het sap op te vangen, snijd de delen van het fruit heel voorzichtig uit en scheid ze van de vliezen. Pers het sap uit de vliezen in de kom; aan de kant zetten. Snijd de segmenten kruislings doormidden.

Snijd de zalm in blokjes van ½ cm en doe ze in een kom. Voeg de ui, de helft van de geraspte limoenschil, 2 theelepels bieslook, 1 theelepel munt en 2 theelepels olijfolie toe. Kruid met peper en zout en geef het mengsel een scheutje Tabasco. Meng de ingrediënten voorzichtig door elkaar en dek de kom af. (U kunt de zalm tot dit punt 2 uur van tevoren bereiden; in de koelkast bewaren tot gebruik.)

Snijd elke trostomaat kruislings in drieën en doe ze in een kom. Voeg 2 theelepels bieslook, 1 theelepel munt en de resterende 2 theelepels olijfolie toe en roer om te combineren. Als je nu de tartaar aan het samenstellen bent, breng op smaak met zout en peper; als je gaat wachten, voeg dan gewoon peper toe. (U kunt de tomaten ongeveer een uur voor het opdienen tot dit punt koken; bewaar afgedekt op kamertemperatuur)

Maak vlak voor het serveren van de tartaar de avocado's klaar. Verwijder de pitten en schil en snijd het fruit in blokjes van ½ cm. Doe de stukjes in een kom. Halveer de resterende limoen om te gebruiken voor sap; houd het bewaarde sap van de eerste limoen bij de hand. Roer voorzichtig - je wilt de avocado niet pureren - de resterende limoenschil, wat limoensap (ik proef terwijl ik ga en gebruik meestal het sap van een halve of een hele limoen), de resterende 2 theelepels bieslook en de laatste theelepel munt. Voeg een scheutje Tabasco toe en breng op smaak met zout en peper.

Roer de limoenpartjes door de zalm, voeg een beetje limoensap toe – een kwart tot een halve limoen kan voldoende zijn, maar voeg naar smaak meer of minder toe – en breng op smaak met zout. Proef een zalmblokje en kijk of er meer zout, peper, tabasco of limoensap bij moet. Voeg wat zout toe aan de tomaten als je dat nog niet hebt gedaan.

Als je een pannenkoekenmaker (of ring) gebruikt, plaats dan een ring op een serveerschaal of saladebord en voeg een kwart van het avocadomengsel toe, druk erop om de cirkel te vullen. Voeg vervolgens een kwart van de zalm toe in een gelijkmatige laag. Op dit punt heeft het mengsel waarschijnlijk de ring bereikt - dat is oké. Leg voorzichtig een kwart van de tomaten op de zalm en druk ze voorzichtig aan zodat ze goed blijven zitten. Het is oké als de bovenkant van de tandsteen afgerond is - zo is het ongeveer. Verwijder voorzichtig de ring (als je niet genoeg ringen hebt om rond te gaan) en bouw de volgende plaat. Ga door tot je alle 4 de tartaren hebt gemaakt (eventueel de ringen eraf tillen).

Als u schaaltjes of kommen gebruikt die zijn afgedekt met plasticfolie, plaats dan eerst de tomaten, dan de zalm en dan de avocado. Laat de lagen heel, heel voorzichtig uitlekken, keer dan elke vorm of kom om op een bord, til het eraf en verwijder het plastic.

Als u een bril gebruikt, legt u de ingrediënten op dezelfde manier in lagen als bij een ring.

Sprenkel een paar druppels - eigenlijk gewoon druppels - pistacheolie over en rond de tartaar, als je wilt, en serveer.

VOOR 4 PORTIES

PORTIE
Dit is een gerecht op zich; het heeft verder niets nodig.

OPSLAG
Je kunt de zalm en tomaten een paar uur van tevoren bereiden, maar de tartaar is afhankelijk van versheid, en hoe dichter bij het opdienen, hoe beter het zal zijn.

Zalm en aardappelen in een pot

ERGENS TUSSEN GRAVLAX EN TARTARE, dit gerecht is een nooit falende knock-out, zelfs als je het serveert, zoals ik vaak doe, aan gewiekste Parijzenaars die weten dat het een moderne kijk is op een eenvoudige bistroklassieker, haring en aardappelen. Verpakt in weckpotten of crocks, die er goed uitzien als je ze op tafel zet, zijn dit eigenlijk twee gerechten in één: het zijn gekookte aardappelen gemarineerd in aromatische olie en stukjes zalm gezouten in suiker en zout, net als grav zalm, dan gemarineerd. Het gerecht is in alle opzichten eenvoudig - het enige koken is het koken van de aardappelen. Maar je moet geduld hebben, want je moet een dag of twee wachten voordat je kunt graven. Het duo blijft echter altijd verrassend, zeker voor mensen die het origineel kennen uit restaurants; ze zullen je altijd aanmoedigen als je iets serveert waarvan de meeste mensen denken dat het alleen door een chef kan worden gemaakt.

    Het recept werkt met elk stuk zalm, maar het werkt het beste (en ziet er het beste uit) als je een stuk zalm gebruikt dat uit het dikke midden van de filet is gesneden. Met een snede in het midden kun je vlezige stukjes zalm snijden die allemaal gelijkmatig uitharden.

    Laat je ten slotte niet afschrikken door de hoeveelheid olijfolie in het recept - het is veel, maar je wilt niet alles opeten. Hoewel je een grote hoeveelheid olie nodig hebt om zowel de zalm als de aardappelen te bedekken, zal geen van beide veel absorberen. De overgebleven aardappelolie kun je gebruiken om andere groenten op smaak te brengen of te koken of om een vinaigrette te maken, en de zalmolie om een vinaigrette of zelfs mayonaise te maken voor andere visgerechten of salades.

    WEES VOORBEREID: U dient minimaal 1 dag van te voren te starten.

2	eetlepels koosjer zout of ander grof zout
1	eetlepel suiker
1	1 pond zalmfilet, gesneden uit het dikste deel van de vis, gevild
1	pond fingerlings of andere kleine aardappelen, geschrobd
20	Korianderzaden
20	Zwarte peper

4	laurierblad, gehalveerd
8	takjes tijm
2	grote wortels, bijgesneden, geschild, in de lengte gehalveerd en in dunne plakjes gesneden
1-2	kleine uien, rood of geel, gehalveerd en in dunne plakjes gesneden

Ongeveer 4 kopjes olijfolie

Zout

3 eetlepels gedestilleerde witte azijn of witte wijnazijn

Citroen- of limoenpartjes, om te serveren

TEN MINSTE 1 DAG VOOR HET SERVEREN: Roer zout en suiker door elkaar in een kom. Verdeel de zalm in 12 gelijke stukken, gooi de stukken in de kom en draai de zalm voorzichtig om zodat hij gelijkmatig bedekt is. (Het is het gemakkelijkst om hiervoor je handen te gebruiken.) Plaats de zalm stevig in een kom of terrine (je kunt hem in laagjes leggen), dek hem goed af met plasticfolie en zet hem minimaal 12 uur of maximaal 18 uur in de koelkast.

VOLGENDE DAG: Zorg dat er twee inmaakpotten of potten van een kwart gallon klaar staan. (Als je heel kleine jonge aardappelen hebt, passen ze in een pintpot.) Je kunt ook terrines, kommen of zelfs stevige plastic zakken met ritssluiting gebruiken.

Kook een grote pan met gezouten water. Gooi de aardappelen in de pan en kook tot ze gemakkelijk kunnen worden doorboord met een mes, 10 tot 20 minuten, afhankelijk van de grootte. Giet de aardappelen af en schil ze eventueel. (Meestal laat ik de huid eraan.)

Spoel de zalm af onder koud water (gooi de pekel weg) en dep droog.

Verdeel de specerijen, kruiden, wortelen en uien doormidden. Begin met het verpakken van de zalm in een van de inmaakpotten en gebruik de helft van de aromaten. Maak een laagje zalm en bedek het met wat koriander en peperkorrels, een stukje laurier, wat tijm en wat wortel en ui; ga door tot alle zalm in de pot zit. Als het je lukt is het lekker om af te werken met een laagje specerijen, kruiden, wortel en ui. Giet voldoende olijfolie in de pan om de ingrediënten te bedekken en sluit de pot af.

Verpak de aardappelen, heel of in stukjes gesneden, in de tweede pot volgens dezelfde methode, maar voeg deze keer een snufje zout toe aan elke laag (aardappelen hebben een manier om zout op te slokken). Zodra de aardappelen zijn ingepakt en je de olie hebt toegevoegd, giet je de azijn erbij, sluit je de pot af en schud je hem een paar keer zachtjes om de azijn met de olie te mengen. (Als je je aardappelen in een ander type bak hebt verpakt, duw de ingrediënten dan zo goed mogelijk rond.)

Plaats beide potten in de koelkast en laat ze minimaal 6 uur of maximaal 3 dagen afkoelen.

Serveer, zo u wilt, rechtstreeks uit de glazen, met partjes citroen of limoen.

MAAKT 6 VOORGERECHTEN OF 4 LUNCH HOOFDGERECHTEN

PORTIE
Ik zet de glazen graag op tafel en geef ze rond met partjes citroen of limoen – de zalm is lekker met een scheutje sap – samen met wat rogge, roggebrood of ander donker brood en een klodder boter. Je kunt ook een licht geklede groene salade rondsturen.

GOED IDEE
Gebakken gerookte zalm. In plaats van de zout-suiker-gespikkelde zalm te marineren, kun je hem ook bakken. De zalm zal stevig zijn aan de buitenkant, rozerood en satijnachtig aan de binnenkant. Om 4 te serveren, gebruikt u 4 stukken in het midden gesneden zalmfilets, elk 5 tot 6 ounce, en laat ze 12 tot 18 uur uitharden in een mengsel van 3 eetlepels grof zout en 2 eetlepels suiker. Als u klaar bent om de zalm te koken, spoelt u de stukken goed af en droogt u ze af. Centreer een rek in de oven en verwarm de oven voor op 425 graden F. Leg de zalm op een met folie beklede bakplaat en braad gedurende 5 tot 7 minuten, of totdat een mes dat in de filets is gestoken vlees laat zien dat is gezet maar nog steeds erg roze . Serveer de zalm met een scheutje gesmolten boter of olijfolie en eventueel een salsa ([>]), een mango-chatini ([>]), wat pesto ([>]), of een peterseliecoulis ([>]).

Krab-Avocado "Ravioli"

ALS IEDEREEN IN EEN RECHTE EEN LAND DOOR EEN STORM HEEFT, DIT WAS HET. Het komt van chef-kok Pascal Barbot van L'Astrance, in Parijs, en het stond op zijn menu toen het restaurant in 2001 werd geopend. Tegenwoordig heeft L'Astrance drie Michelin-sterren en heel Frankrijk heeft deze "ravioli" (je vindt variaties ervan overal).

Er is geen vel pasta te vinden in dit gerecht; in plaats daarvan heb je twee hele dunne plakjes avocado met een pittige krabsalade. Ik ben gek op de manier waarop Barbot een avocado snijdt: hij gebruikt een mandoline om dunne, gelijkmatige plakjes te krijgen, en hij schilt of ontpit het fruit niet voordat hij het snijdt, een handige techniek die ervoor zorgt dat de plakjes hun vorm behouden. Als je geen mandoline of Benriner snijmachine hebt, kun je dit ook met de hand doen.

Bij L'Astrance wordt de krabsalade gemengd met limoenschil en -sap, bieslook en amandelolie. Ik maak de salade met limoen, maar voeg fijngehakte sjalotten en koriander toe. De speelse ravioli-constructie is zo goed dat hij zowat elke variatie aankan om aan je smaak te voldoen.

½ pond krabvlees, bij voorkeur jumbo brok, geplukt voor kraakbeen en schelpen

Fleur de sel of ander zeezout

Geraspte schil en sap van ½ limoen (of eventueel nog een scheutje sap)

½ sjalotten, fijngehakt, gespoeld en gedroogd
1 eetlepel fijngehakte verse koriander

Ongeveer 2 eetlepels zoete amandelolie (zie Bronnen[>]) of extra vierge olijfolie (optioneel)

2-3 grote rijpe maar stevige Hass-avocado's

Versgemalen witte peper

Plaats de krab in een kom en gooi hem met een vork (of je vingers) lichtjes met een snufje zeezout en limoenschil. Meng de sjalotten en koriander erdoor en vervolgens een beetje limoensap. Smaak voor zout en limoensap. Als je wilt, roer je er voorzichtig wat amandel- of olijfolie door.

Snijd 2 avocado's op een mandoline in plakjes zonder ze te schillen of te ontpitten. Als je met een mandoline of een Benrinersnijmachine werkt, snijd dan dwars door de pitten. Idealiter krijg je 12 plakjes met pit en 12 zonder van de 2 avocado's; als je dat niet kunt (en dit kan het geval zijn als je met de hand knipt), knip er dan nog een. Gebruik een schilmesje of je vingers om de schil en pit van elk plakje te verwijderen. Als je de avocado's met de hand snijdt, schil en halveer ze dan, verwijder de pit en snijd ze in plakjes.

Het is het beste om de ravioli op individuele borden te bouwen, 3 ravioli per persoon. Kies een van de grote avocadoplakken – die met gaten uit de pit – voor de bodem van elk en vul de gaten met een lepel krabsalade. Top met een klein plakje avocado, breng op smaak met zout, wat witte peper en een klein scheutje limoensap en werk af met een scheutje amandel- of olijfolie, als je dat wilt.

Serveer de ravioli zodra u klaar bent met maken, aangezien avocado's onaantrekkelijk worden als ze slechts een paar minuten aan de lucht worden blootgesteld.

VOOR 4 PORTIES

PORTIE
Deze hebben niets nodig zoals accessoires of versieringen.

OPSLAG
Je kunt de krabsalade ongeveer een uur van tevoren maken, maar voeg het limoensap pas toe als je klaar bent voor de salade. De avocado moet worden gebruikt zodra deze is gesneden.

Garnalen Gevulde Courgette Bloemen

WE ZIJN MIDDEN VAN DE LUNCH toen de chef een kleine extra verrassing begon te geven aan elk van zijn ongeveer acht tafels. Het restaurant was vorig voorjaar in Parijs; de chef-kok was de super getalenteerde Daniel Rose, een van de weinige Amerikaanse chef-koks die onderscheidingen in Frankrijk won; en de verrassing waren prachtige beignets met pompoenbloesem, of beignets, bedekt met tempurabeslag en gevuld met langoustine, een luxe schaaldier dat bij Amerikanen bekend staat als rivierkreeft of Dublin-garnaal. De friet was gloeiend heet, net uit de friteuse gekomen, fantastisch en extreem eenvoudig.

Ik vond ze heerlijk, maar ik wist dat ik deze bonbons niet vaak zou serveren als ik ze met langoustine moest vullen. Ik heb ze gemaakt met garnalen en ze vonden het geweldig. (Zie Bonne Idées voor andere geweldige vullingen.)

Deze werden in het voorjaar zonder toevoegingen geserveerd, maar konden wel geserveerd worden met mayonaise of zelfs tartaarsaus. Of je kunt ze serveren zoals vergelijkbare pompoenbeignets werden gepresenteerd bij Ostapé in Baskenland - vergezeld van een kleine tomatensalade bestaande uit in blokjes gesneden tomaten (geschild en ontpit) gekruid met fleur de sel en gemengd met fruitige olijfolie.

Een opmerking over het tempura-beslag: je kunt tempura-beslagmix in een doos kopen, maar het beslag zelf is de eenvoud van het maken ervan. Hoewel het traditionele Franse recept voor tempura meestal koud water en ijsblokjes bevat, heb ik ontdekt dat sodawater of seltzer een heerlijk beslag is, dus ik geef je mijn recept.

VOOR DE PIJP

¾ kopje bloem voor alle doeleinden
1½ theelepels bakpoeder
½ theelepel zout

Versgemalen peper

1 kopje zeer koude soda of seltzer, of naar behoefte

VOOR DE BEignets

12 Courgette bloeit
12 middelgrote of grote garnalen, gepeld en ontdaan van vlees

Zout en versgemalen peper

Pindaolie, om te frituren

Fleur de sel of ander zeezout, om te bestrooien

Mayonaise, huisgemaakt ([>]) of uit de winkel gekochte tartaarsaus of cocktail- of chilisaus, om te serveren (optioneel)

DE BUIS MAKEN: Klop de bloem, bakpoeder, zout en een paar maaltjes peper in een kom door elkaar en klop dan de soda of seltzer erdoor. Het beslag heeft de consistentie van slagroom. Als u het niet meteen gebruikt, dek het dan af en bewaar het in de koelkast. (Het beslag kan maximaal 1 uur in de koelkast worden bewaard.)

DE BEignets MAKEN: Veeg de bloemen af met een licht vochtige papieren handdoek of, als er wat vuil op zit, gebruik een kleine borstel om het eraf te vegen: je wilt de bloemen niet wassen en het risico lopen ze te verzwakken. Wrik de bloemen voorzichtig open, trek ze naar binnen met je vingers, een schilmesje of een pincet en trek de stampers en meeldraden eruit. Het is een delicate klus en je zou een paar bloemen kunnen scheuren, maar dat is oké - de garnalen en het beslag zullen alles oplossen.

Kruid de garnalen met een beetje zout en peper. Steek 1 garnaal in elke bloem en draai voorzichtig de bovenkant van de bloem om hem af te sluiten (maak je niet te druk als je niet genoeg bloem hebt om te draaien; de garnaal loopt geen gevaar eruit te vallen).

Bekijk het tempurabeslag eens - als het aanzienlijk is ingedikt nadat het in de koelkast heeft gestaan, verdun het dan naar behoefte met wat meer frisdrank of seltzer of een beetje koud water.

Giet ongeveer ½ inch olie in een grote koekenpan en verwarm tot zeer heet maar niet rokend. Bekleed een bord met een dubbele laag keukenpapier. Werk in batches (je wilt de pan niet verstoppen en de olietemperatuur verlagen), haal de bloemen een voor een door het beslag, bedek ze aan alle kanten en laat ze dan in de hete olie vallen. Bak de beignets een minuut of twee aan de ene kant en iets minder dan een minuut aan de andere kant - de coating moet goudbruin zijn. Terwijl elke beignets gaar zijn, laat ze uitlekken op keukenpapier en breng op smaak met een beetje fleur de sel. Serveer direct, eventueel met mayonaise of tartaar, cocktail- of chilisaus.

VOOR 4 PORTIES

PORTIE
Deze moeten zo snel mogelijk na het koken worden geserveerd, gewoon of met mayo, tartaarsaus of zelfs cocktail- of chilisaus uit flessen - niet helemaal Frans, maar heerlijk.

OPSLAG
Je kunt het tempuradeeg maximaal 1 uur van tevoren maken en afgedekt in de koelkast bewaren.

GOED IDEE
Met ricotta gevulde courgettebloemen. Doe ¾ kopje ricotta, 1 grote eidooier, 1 sjalot, fijngehakt, gespoeld en gedroogd, en 2 eetlepels gehakte gemengde verse kruiden, zoals basilicum, munt en peterselie (of gebruik 2 eetlepels van slechts één hiervan), in een kom en klop krachtig - je wilt dat de ricotta mooi glad is. Kruid goed met peper en zout (denk aan een scheutje cayennepeper of wat rode pepervlokken), verdeel de vulling over de bloemen en kook zoals aangegeven.

NOG EEN GOED IDEE
Courgettebloemen gevuld met geitenkaas tapenade. Neem ¾ kopje zeer zachte geitenkaas, op kamertemperatuur, 1 groot eigeel, 1½ eetlepel tapenade, zwart of groen (zelfgemaakt,[>], of gekocht in de

winkel), 1 eetlepel gehakte verse basilicum en fijngeraspte schil van ½ citroen in een kom en klop krachtig - het mengsel moet zeer glad zijn. Breng op smaak met peper en een snufje zout (tapenade is zout), verdeel de vulling over de bloemen en kook zoals aangegeven.

Sardine Escabeche

ENKEL OMDAT ESCABECHE, een gerecht van gemarineerde vis – in dit geval sardines – groenten en aromaten, niet in Frankrijk is uitgevonden, betekent niet dat de Fransen het niet in hun hart hebben gesloten en het zich eigen hebben gemaakt. Bij warm weer is het populair in het hele land, maar je kunt het altijd en overal vinden in de zuidwestelijke hoek van Frankrijk, op de grens met het thuisland van het gerecht, Spanje.

Als je het woord escabeche ziet, weet je dat er olijfolie in zit en een niet onaanzienlijke hoeveelheid azijn (of misschien wijn), aangezien het gerecht oorspronkelijk werd gebruikt om vis in te bewaren. Ik kreeg zelfs een les in de wortels van het gerecht toen ik er voor het eerst een versie van serveerde aan een groep Parijzenaars, van wie er één chef-kok was. Ik bood het gerecht met excuses aan omdat ik dacht dat mijn eerste poging te azijn was.

"Hoe lang heeft de escabeche in de koelkast gestaan?" vroeg de kok. Toen ik haar 'achttien uur' vertelde, concludeerde ze opzettelijk: 'Dat is het probleem - je moet acht dagen wachten!'

Ik weet zeker dat ze gelijk heeft en er zeker van is dat de azijn in acht dagen prima werk zou hebben geleverd om de sardines zachter te maken en de wortels mals genoeg te maken voor baby's - en dat de azijn na al dat werk de bite zou hebben verloren. Maar wie kan acht dagen wachten? Ik zeker niet! Dus ik veranderde het recept en kookte de sardines in het begin wat langer, zodat ik niet langer dan een halve dag hoefde te wachten om te graven. En aangezien ik minder azijn nodig had, kon ik ook de hoeveelheid verminderen.

Het is escabeche voor de moderne wereld, en een snelle controle leert dat ik niet de enige ben zonder geduld om te wachten - zo wordt escabeche in het hele land gemaakt.

WEES VOORBEREID: Je moet de sardines minimaal 6 uur, of beter nog, een nacht marineren.

1   kopje extra vierge olijfolie

   Bloem voor alle doeleinden, voor baggeren

Zout en versgemalen witte peper

12 ultraverse sardines, gefileerd, eventueel staartjes verwijderd
1 takje rozemarijn
1 takje tijm
2 laurierblad, gehalveerd
4 in olie verpakte zongedroogde tomaten, uitgelekt en in plakjes (optioneel)
1 middelgrote ui, in de lengte gehalveerd en in dunne plakjes gesneden
2 wortelen, bijgesneden, geschild en in dunne plakjes gesneden
2 knolselderij, bijgesneden en in dunne plakjes gesneden
4 teentje knoflook, gespleten, zaad verwijderd en in plakjes gesneden
2 gedroogde rode chili of ¼ theelepel rode pepervlokken
1 eetlepel tomatenpuree of ketchup
½ theelepel suiker
¼ theelepel korianderzaad
½ kopje gedestilleerde witte azijn

Schijfjes citroen, om te serveren

Brood, om te serveren

Giet 2 eetlepels olijfolie in een grote pan, bij voorkeur met anti-aanbaklaag, en verwarm deze op middelhoog vuur. Doe het meel om te baggeren op een bord of een vel vetvrij papier, breng het op smaak met zout en witte peper en haal de sardinefilets door het meel terwijl u het teveel eraf schudt. Doe de sardines in de hete olie (maak de pan niet te vol - schroei de vis indien nodig in porties aan) en bak 2 minuten aan één kant, of tot het meel lichtbruin is en de sardines net gaar zijn. Leg de sardines op een bord bedekt met een dubbele laag keukenpapier en dep voorzichtig overtollige olie eraf. Herhaal dit met de resterende sardines.

Schik de sardines in een overlappend patroon in een ovale gratinschaal, een Pyrex-taartbord of een andere serveerschaal. Strooi rozemarijn, tijm, laurierblaadjes en eventueel plakjes zongedroogde tomaat over de filets.

Veeg de pan schoon, giet er nog 2 eetlepels olie in en zet de pan terug op middelhoog vuur. Voeg als de olie heet is de uien, wortelen, selderij en knoflook toe en bak al roerend ca. 10 minuten tot de groenten bijna gaar zijn, maar niet verkleuren. Voeg de resterende ¾ kopje olie toe, samen met de resterende ingrediënten, 1 theelepel zout en witte peper naar smaak, breng aan de kook en kook gedurende 5 minuten.

Giet het hete mengsel over de sardines. Roer indien nodig om ervoor te zorgen dat de filets bedekt zijn met olie en de groenten gelijkmatig over de vis zijn verdeeld, en dek de schaal vervolgens af met plasticfolie. Laat de escabeche afkoelen tot kamertemperatuur en zet hem minimaal 6 uur in de koelkast, of beter nog, een hele nacht.

Serveer gekoeld, met partjes citroen en brood.

VOOR 6 PORTIES

PORTIE
Zet de escabeche zoals hij is op tafel en zorg dat de partjes citroen en het brood klaarliggen, zodat de gasten zoveel sap als ze willen over de vis kunnen persen en het brood gebruiken om elke druppel saus op te nemen. Het is helemaal niet traditioneel, maar het is leuk om naast de escabeche een kleine salade te serveren. Als je dat doet, gebruik dan een scheutje van de escabeche-saus om de groenten aan te kleden.

OPSLAG
Goed afgedekt is de escabeche ongeveer 3 dagen houdbaar in de koelkast.

GOED IDEE
Garnalen Escabeche. Vervang de sardines door 1 pond garnalen, gepeld en ontpit. Haal de garnalen niet door bloem; gooi ze gewoon heel snel in een beetje olijfolie, breng ze op smaak met zout en peper en ga verder met het recept.

Kippenlever Gâteaux met ingelegde uien

DE FRANSEN WETEN EEN miljoen dingen die met alle soorten lever te maken hebben – sommige grof en rustiek, zoals de dikke patés die je bij charcuteries vindt, en andere elegant en heel mooi, zoals deze kleine omgekeerde taartjes, een specialiteit van Lyon, waar ze meestal worden geserveerd met tomatensaus (zie Bonne Idée). In werkelijkheid zijn dit meer vla dan cake, maar het idee om cake te hebben bij het begin van de maaltijd is te onweerstaanbaar. Snel en gemakkelijk gemaakt door kippenlevertjes met room, eieren, kruiden en een beetje brandewijn in een blender te kloppen, de cakes worden gebakken in een waterbad en vervolgens gegarneerd met wat snelle ingelegde uien (een kleine traktatie die je misschien vaak wilt maken als topping alles van salades tot hamburgers) en, als je wilt, geserveerd op een handvol gemengde groene salades. Op deze manier gedaan,

Een opmerking over de temperatuur: deze koekjes zijn bedoeld om te worden geserveerd direct nadat ze uit het waterbad komen, maar ik denk dat ze ook goed zijn als ze een beetje warm zijn of op kamertemperatuur. Koud zijn ze zelfs lekker, als ze meer op paté dan op vla lijken.

VOOR DE UI

- 5 Zwarte peper
- 5 Korianderzaden
- 1 kruidnagel
- 1 kopje ciderazijn
- ⅓ glas water
- ⅓ kopje suiker
- 1 ui, dun gesneden en gespoeld

VOOR DE TAARTEN

- ½ pond kippenlevers, aders en eventueel vet of groene vlekken verwijderd
- 3 grote eieren
- 3 grote eierdooiers

½ kopje zware room
½ kopje volle melk
2 theelepels cognac, zoals Cognac of Armagnac
½ theelepel fijngehakte verse tijm
½ theelepel fijngehakte verse salie
½ theelepel fijngehakte verse rozemarijn
1 theelepel zout
¼ theelepel versgemalen peper

VOOR SERVEREN (OPTIONEEL)

Een handvol gemengde groenten, frisée of spinazie, afgespoeld en gedroogd

Dagelijkse vinaigrette ([>])

UIEN MAKEN:Doe peperkorrels, koriander en kruidnagel in een thee-ei of wikkel ze in een klein stukje kaasdoek en bind de bundel vast met touw. Doe de kruiden, azijn, water en suiker in een middelgrote pan en breng al roerend aan de kook om de suiker op te lossen. Verlaag de temperatuur zodat het beitsmengsel net kookt en kook gedurende 5 minuten.

Voeg de plakjes ui toe en laat 10 minuten sudderen, zet dan het vuur uit. Laat de ui in het vocht afkoelen tot kamertemperatuur. Als u ze meteen gaat gebruiken, maakt u ze leeg; zo niet, plaats de ui en vloeistof in een afgedekte pot en zet in de koelkast tot het nodig is. (De uien kunnen maximaal een week in de koelkast worden bewaard.)

OM DE TAARTEN TE MAKEN: Centreer een rek in de oven en verwarm het evenement voor op 350 graden F. Beboter zes 6-ounce ramekins of vla. Bekleed een bakblik met een dubbele laag keukenpapier. Zet een ketel heet water op het fornuis.

Doe alle ingrediënten in een blender of keukenmachine en verwerk tot het mengsel glad is, ongeveer 2 minuten, schraap een paar keer langs de zijkanten van het glas of de werkkom om er zeker van te zijn dat alles gemengd is. Giet de custard in de kopjes of schaaltjes (ze zullen voor ongeveer driekwart gevuld zijn) en klop ze allemaal op het aanrecht om het mengsel te laten bubbelen. Plaats de kopjes in de braadpan en schuif de pan op het ovenrooster. Giet voldoende heet water in de braadpan om ongeveer halverwege de zijkanten van de kopjes te komen.

Bak de cakes 30 tot 40 minuten, of tot de custard stevig is en niet meer wiebelt; een mes in het midden van de cakes moet er schoon uitkomen. Leg de cakes voorzichtig op een rooster en laat ze ca. 10 minuten voordat ze worden vrijgegeven.

Als je de taarten op een bedje van bladgroenten wilt serveren, meng het bladgroente dan met een beetje vinaigrette en verdeel ze over zes borden.

Om de cakes los te maken, laat u een bot mes langs de randen van elk kopje lopen en keert u de cake om op een schaal, al dan niet gekleed met sla. Bedek de cakes met de ui of leg ze opzij en serveer.

VOOR 6 PORTIES

PORTIE
Als je de taarten op een bedje van sla serveert, meng de salade dan met een beetje vinaigrette en verdeel over de borden. Plaats een cake in het midden van elk bord en bedek met wat ingelegde uien.

OPSLAG
De cakes kunnen voor het opdienen worden gebakken, gekoeld, goed afgedekt en een nacht worden gekoeld. Dompel de kopjes in heet water om ze los te maken. Als alternatief kunnen ze worden gekoeld, uit de vorm gehaald en ingevroren op een bakplaat tot ze stevig zijn, vervolgens luchtdicht verpakt en tot 2 maanden ingevroren bewaard; ontdooi een nacht in de koelkast voor het opdienen.

GOED IDEE
Kippenlever Gâteaux met Lyonnaise Tomatensaus. Fruit 1 gesnipperde ui en een paar fijngehakte teentjes knoflook, gespleten en zaadjes verwijderd, in 2 el olijfolie in een pan tot ze zacht zijn. Doe een blikje (circa 15 gram) geplette tomaten in de pan, samen met 2 takjes peterselie, 1 takje tijm, 1 laurierblad en een beetje zout en peper. Breng aan de kook, zet het vuur laag en laat ongeveer 3 minuten heel zachtjes

sudderen. Haal het laurierblad en het takje tijm eruit, pureer de saus indien mogelijk in een blender of keukenmachine en breng op smaak. Als je klaar bent om te serveren, verwarm je de saus opnieuw. Schep een paar lepels saus in het midden van elk bord en leg er een warme gâteau op. In plaats van ingelegde uien, kunt u eindigen met een klein boeket peterselieblaadjes gegooid met een druppel olijfolie.

smaak voor slachtafval

Veel mensen zeggen dat alle soorten slachtafval een verworven smaak is. Ik kan vier manieren bedenken om de smaak te pakken te krijgen: 1) Mam heeft ze je geserveerd toen je jong was; 2) je bent opgegroeid op een boerderij; 3) een van de kleine lichaamsdelen is zonder uw medeweten in een bord geschoven, en - shazam! - je vond het geweldig; of 4) je bent geboren met het I-love-innards-gen, in welk geval je waarschijnlijk Frans bent en misschien zelfs uit een diep landinwaarts deel van het zuidwesten komt, zoals de Auvergne, waar een vriend en ik waren uitgenodigd voor een georganiseerd galadiner door de kamer van koophandel van de stad. Ik was de enige niet-Française aanwezig en de stadsvaders boden me graag het beste van de streek aan. Hier is het menu dat we kregen.

APERITIEF: Bladerdeegtraktaties met een kir gemaakt met kastanjelikeur (dit is het land van de kastanjes)
VOORAFJE: Een selectie van lokale charcuterie, waaronder varkenssaucisson, blauwe kaasrollade en pâté de tête de veau (een ingrediënt dat nooit uit het Frans is vertaald omdat de meeste buitenlanders niet willen weten dat ze kalfskop eten)
EERSTE GANG: Gevulde kool met morieljesroomsaus - de kool was savooiekool en de vulling was rijst de veau (een ander normaal gesproken onvertaald ingrediënt omdat "thymus" zo vies klinkt)
HOOFDGERECHT: Aligot, de regionale specialiteit van aardappelpuree en kaas, en langue de veau (yup, kalfstong)
OOSTEN: Cantal (een stevige, rijke kaas van koemelk)
NAGERECHT: Bevroren walnotensoufflé (Auvergne is ook rijk aan walnoten)

Ik keek de tafel rond naar mijn elf andere tafelgenoten die met smaak aten, het laatste van elke saus opdweilend met een klein stukje brood, en ik deed hetzelfde - genietend van elke hap.

Ik kan niet bedenken hoe ik aan deze smaak kwam. Misschien ben ik ermee geboren. Misschien ben ik Frans. Natuurlijk spreekt het feit dat ik geen grote sjaal-tier ben er tegen. Misschien is het sjaal-gen recessief – of verlegen.

Bundels Kool en Foie Gras

DIT KAN EEN ELEGANT DINERFEESTJE zijn als voorgerecht of een hors d'oeuvre voor een champagnefeestje. Zo basic als ze zijn - het zijn maar kleine stukjes foie gras gewikkeld in gekrulde koolbladeren en gestoomd - zo elegant als ze zijn: als het op sensualiteit aankomt, kan er weinig op tegen warme, bijna vloeibare foie gras.

Tip: koop een kleine terrine van foie gras gemaakt van hele stukken foie gras, geen mousse of paté gemaakt van gemalen of gehakte foie gras.

12 grote koolbladeren, bij voorkeur savooiekool
6 ons terrine van foie gras (zie hierboven)

Extra vergine olijfolie

Fleur de sel

Kook een grote pan met gezouten water. Laat de koolbladeren met twee tegelijk in het water vallen en kook tot ze buigzaam zijn, slechts een paar minuten. Als de bladeren koel genoeg zijn om te hanteren, dep je ze droog en snijd je het taaie deel van de hoofdnerf weg.

Om de foie gras te snijden, houdt u een dun mes onder heet water, veegt u het droog en snijdt u de foie gras in 12 stukken. Leg een stuk foie gras bij de basis van elk koolblad. Til de onderkant van elk blad over de foie gras, draai om de foie gras weer te bedekken, vouw de zijkanten van het blad naar binnen en maak de bundel af door de foie gras naar het einde van het blad te rollen.

Plaats een stomer boven kokend water in een grote pan en houd een bord met een paar papieren handdoeken bij de hand. Net voordat u klaar bent om te serveren, legt u de bundels met de naad naar beneden in de stomer, dek de pan af en stoom gedurende 5 minuten. Leg de bundels voorzichtig op de met keukenpapier beklede plaat en dep ze droog.

Verdeel de bundels over vier borden, besprenkel elk met een beetje olijfolie, bestrooi met enkele korreltjes fleur de sel en serveer direct.

VOOR 4 PORTIES

PORTIE
Deze hebben niets meer nodig dan een beetje Champagne of Sauternes.

OPSLAG
Je kunt de bundeltjes een paar uur van te voren maken en afgedekt in de koelkast bewaren. Zodra de bundels gestoomd zijn, moeten ze onmiddellijk worden geserveerd, zodat iedereen kan genieten van de heerlijke textuur van de zachte foie gras.

Verwende Eieren Met Foie Gras

IN HET BEGIN VAN DE 20E EEUW, toen de verloren generatie schrijvers en kunstenaars – legendes als Hemingway, Fitzgerald, Picasso en soms zelfs James Joyce – elkaar wilde zien, het nieuws wilde horen of nieuws wilde maken, zochten ze vaak het uitgestrekte terras op naar Le Dôme, dat nog steeds een indrukwekkend grote en zonnige hoek heeft op de Parijse boulevard Montparnasse. In de straat van La Coupole en tegenover Le Sélect en La Rotonde, de cafés van Hemingway's A Moveable Feast, blijft Le Dôme een bestemming voor reizigers van over de hele wereld. De meeste mensen komen voor de onberispelijke vis van het restaurant, en hoewel dat mij ook trekt, ga ik voor het extra plezier om met M. Jacques Drouot, de maître d'hôtel, te praten. Monsieur Jacques, zoals hij wordt genoemd, is een man van vele kanten: een eersteklas gastheer, hij is ook een diepzeeduiker, een bekwame fotograaf en een gepassioneerde kok. Voor mij is de meest aangename tijd om op woensdagavond naar Le Dôme te gaan, omdat M. Jacques dinsdag vrij heeft gehad en de hele dag heeft gekookt, waardoor woensdag het ideale moment is om een volledig verslag van zijn avonturen te krijgen.

Gepocheerd ei met foie gras is een recept dat M. Jacques me op een woensdagavond vertelde. Het is een gerecht dat zowel eenvoudig als luxueus is – ik vind eieren zelf luxueus, en als ze worden gecombineerd met wat mousse van ganzenlever of paté (en alles wat je nodig hebt is één traktatie per ei), grenzen ze aan weelderig. En als je zwarte truffel toevoegt, zoals M. Jacques in de winter doet. . .!

Ik maakte dit recept altijd in de oven, totdat mijn vriendin, kookboekauteur en lerares Patricia Wells me liet zien dat eieren perfect zijn in een stomer. Koken in de oven is eenvoudig; Koken met stoom is nog eenvoudiger.

Hoe elegant deze eieren ook zijn, ze behoren tot de gemakkelijkste hapjes die je kunt maken voor een etentje, omdat je ze uren van tevoren klaar kunt hebben om te koken. U wilt ze echter serveren op het moment dat u ze uit de stomer haalt, dus zorg ervoor dat iedereen aan tafel zit.

- 1 ¼ pond plakje foie gras paté of mousse
- 4 volledig verse (bij voorkeur biologische) grote of extra grote eieren

Zout en versgemalen witte peper

- ¼ kopje zware room
- 4 gesneden zwarte truffel, gesneden (optioneel)
- 2 theelepels fijngehakte verse dragon
- 2 theelepels fijngehakte verse peterselie

Vet vier individuele soufflépannen of schaaltjes licht in (4-ounce pannen zien er het mooist uit voor dit gerecht, maar elke pan met een capaciteit tussen 4 en 6 ounce zal werken). Stel je stomer in - als je geen stomer met grote bodem hebt (een bamboestomer boven een wok is ideaal), zal een inzetpan voor pasta werken, net als een rooster in een grote braadpan met deksel. Kook het water in de stomer.

Snijd de paté of mousse in 4 stukken en snijd elk deel in vieren. Verdeel de paté over de vormpjes. Breek voorzichtig 1 ei in elke vorm (de dooiers moeten ongebroken blijven), breng op smaak met zout en witte peper en schep 1 eetlepel room over elk eiwit - je kunt de dooiers bedekken, maar ik denk dat het lekkerder is om ze kaal te laten (het maakt het ook gemakkelijker om te controleren of het klaar is). Strooi een gelijk aantal truffelreepjes, als je het geluk hebt ze te hebben, over elk ei en bestrooi met dragon en peterselie. (Je kunt tot nu toe ramekins bereiden, afdekken en een paar uur in de koelkast zetten; voor het koken op kamertemperatuur brengen.)

Zorg ervoor dat het water in de stomer kookt, plaats de vormpjes in de stomer en dek de pan af. Stoom de eieren ongeveer 5 minuten, of tot het wit ondoorzichtig is maar de dooiers nog vloeibaar zijn. Haal de vormpjes uit de pan, droog de bodems, plaats elke vorm op een bord en serveer direct.

VOOR 4 PORTIES

PORTIE
Je kunt de eieren serveren met beboterde toast - reepjes van 2,5 cm

breed of kleine spikes - maar ik denk dat de eieren perfect rechtop staan.

OPSLAG
Hoewel de eieren gloeiend heet geserveerd moeten worden, kun je de vormpjes een paar uur van tevoren klaarmaken en goed afgedekt in de koelkast bewaren; breng ze voor het stomen op kamertemperatuur.

truffels

Het Franse sentiment voor zwarte truffels, met name Tuber melanosporum, de knoestige paddenstoelen die varkens en honden onder eikenbomen in Zuid-Frankrijk scharrelden en op dorpsmarkten kochten en verkochten zoals elders in de wereld waarschijnlijk drugs worden uitgewisseld, kunnen moeilijk worden onderschat.

In de truffelrijke stad Richerenches, in de Provence, lijkt de zaterdagmarkt meer op een gebruikte auto dan op een plek waar binnen een paar uur tienduizenden dollars van eigenaar wisselen. Kopers parkeren langs de kant van de straat, terwijl iedereen die een truffel te verkopen heeft, professionele of gelukkige boer, van auto naar auto gaat op zoek naar de beste deal. Het is fascinerend, en hoe charmant het ook klinkt, en het is ook big business.

Ik kreeg een idee van hoe groot het bedrijf is toen ik eind januari de truffelbeurs bijwoonde in de katholieke kerk van Richerenches. Toen de aalmoezenmand die zondag werd gegeven, werden er geen munten in gegooid, maar truffels, heel veel en sommige zo groot als mijn vuist. Na de mis verzamelde iedereen zich buiten het hôtel de ville (stadhuis), er werden wijn en hapjes geserveerd en de truffels werden geveild, waarvan de opbrengst - meer dan € 1.000.000 - naar de kerk ging.

Zelfs mensen die truffels in hun tuin hebben, begrijpen hoe zeldzaam en waardevol ze zijn en plaatsen ze in dezelfde klasse als kaviaar en kreeft, bewaren ze voor speciale gelegenheden of gebruiken ze spaarzaam waar hun krachtige aroma – donker, houtachtig, licht muskusachtig en zeer sexy - kan het meest worden gewaardeerd.

Als je een truffel koopt (zie Bronnen[>]), bewaar het in een bakje rijst of een pot vol eieren tot je er klaar voor bent (het zou binnen een paar dagen opgebruikt moeten zijn), en je krijgt een bonus: de rijst of eieren nemen het op tegen de smaak en aroma van truffels.

De smaak en het aroma van zwarte truffels worden versterkt door hitte, maar ze kunnen worden verpest door te veel hitte, dus het is het beste om de truffel in een gerecht te snijden of te schaven net voordat het klaar is met koken of wanneer je het op tafel zet. Als je maar een paar stukjes truffels hebt, zelfs kleine schaafsels, kun je ze in wat zachte boter verwerken en heb je een prachtige topping voor aardappelpuree, biefstuk of toast.

KIP EN EEND

Kip en eend

KIP
Gebraden kip voor Les Paresseux[>]
Schiet op en wacht gefrituurde kip[>]
De Armagnac-kip van M. Jacques[>]
Kip in een pot: de versie met knoflook en citroen[>]
Kip basquaise[>]
Kiptajine met zoete aardappelen en pruimen[>]
Kip Couscous[>]
Kipfilet Diable[>]
Kip, appels en room à la Normande[>]
Kaneel Crunch Kip[>]
Curry kip, paprika en doperwtjes en papillote[>]
Kip B'stilla[>]
Olijf-olijf Cornish kippen[>]
Met worst gevulde kippen uit Cornwall[>]

EEND

20 Minuten Honing Geglazuurde Eendenborst[>]
Eendenborst met verse perziken[>]
In de Pan Geschroeide Eendenborst Met Kumquats[>]

Gebraden kip voor Les Paresseux

LEES PARESSEUX ZIJN LUIE MENSEN, en dit is een recept dat perfect is voor hen - en ook voor de rest van ons - want als je de kip eenmaal in de oven hebt gedaan, hoef je hem er alleen maar uit te halen als de timer ongeveer negentig minuten later afgaat . Je kunt de kip alleen braden, maar als je wat knoflook en uien, kruiden en een paar wortelgroenten in de bak hebt, kan het toevoegen van die aan de pan je diner misschien nog lekkerder maken.

Omdat de kip op één plek blijft - hij is niet gekeerd of ingesmeerd - kun je doen wat ik beschouw als de broodtruc. Voordat je de kip in de pan doet, leg je een sneetje brood (of twee sneetjes stokbrood) in het midden van de pan en laat je de vogel erop rusten. Terwijl de kip braadt, zal het brood de sappen opnemen en na een tijdje knapperig worden en een traktatie worden die zo lekker is dat zelfs de meest vrijgevige persoon het niet wil delen - je hebt mijn toestemming om het allemaal voor jezelf te houden (ik wel). Als je iets goeds nog beter wilt maken, stop dan de lever in de holte van de vogel, en als het gaar is, pureer en verdeel het over het sappige stuk brood, besprenkel het met wat van het vet uit de pot, en bestrooi het met zout.

Een laatste ding: de kip wordt gemaakt in een Nederlandse oven, dus er is geen spetters, een zegen voor zowel luie als energieke mensen.

Olijfolie

1 dikke snee brood of 2 sneetjes stokbrood

1 kip, 4½ tot 5 pond, bij voorkeur biologisch (bewaar de lever als deze bij de kip kwam), op kamertemperatuur

Zout en versgemalen peper

2 takjes elke rozemarijn, tijm en oregano
1 kop knoflook, horizontaal doormidden gesneden, gepeld

Ongeveer ⅔ kopje droge witte wijn of water (optioneel)

4 krieltjes, geschrobd en in vieren gesneden (optioneel)

2 wortelen, bijgesneden, geschild en in dikke stukken gesneden (optioneel)
4 sjalot, heel gelaten, of 1 ui, in vieren gesneden (optioneel)

Centreer een rek in de oven en verwarm de oven voor op 450 graden F.

    Wrijf de binnenkant van een braadpan of andere grote pan met hoge zijkanten in met olie en plaats het brood in het midden van de pan. Kruid de kip van binnen en van buiten met zout en peper. Leg de lever, als je die hebt, in de kip en gooi een half takje van elk van de kruiden en de helft van de knoflook erbij. Doe de kip in de pan, laat het rusten op het brood. Doe de andere knoflookhelft in de pan, samen met de resterende kruiden, en giet er een paar eetlepels olie en wijn of water bij, indien gebruikt. Duw de pot in de oven.

    Als je de groenten bij de kip wilt braden, wacht dan tot de kip 45 minuten gaar is. Meng vervolgens de aardappelen, wortelen en sjalotten met voldoende olijfolie om ze te laten glanzen, kruid royaal met peper en zout en strooi ze rond de kip. Bak de kip ongestoord ca. Nog 45 minuten – in totaal ca. 90 minuten – of tot het vel krokant en krokant is en de sappen helder worden als je met de punt van een mes in het dikste deel van de dij prikt. Haal de kip uit de oven.

    Als je je echt lui voelt, kun je de kip 5 tot 10 minuten in de pan laten rusten voordat je hem serveert. Als je wat meer zin hebt om de sappen terug in het borstvlees te krijgen, plaats dan een kom ontbijtgranen aan het ene uiteinde van een grote schaal en leg de kip met de borst naar beneden in de schaal. Laat het rusten onder een folietent, leunend tegen de kom en naar boven wijzend, gedurende 5 tot 10 minuten voordat u het serveert.

    Als je wat pannensaus wilt - en je krijgt maar een beetje - giet de groenten, als je die hebt, in een kom, verwijder het brood en schep zoveel mogelijk van het vet dat in de pan achterblijft. Zet de pan op hoog vuur en als de vloeistof kookt, giet er ongeveer ½ kopje wijn of water in en breng aan de kook, schraap alles wat aan de bodem van de pan is blijven kleven weg. Haal van het vuur.

    Snijd de kip in stukken en serveer met de saus, als je die gemaakt hebt.

VOOR 4 PORTIES

PORTIE
Nadat je het doorweekte brood en de kippenlever, als je die hebt, voor jezelf hebt genomen (zie hoofdnoot), snij je de kip in stukken en serveer je deze met de pannensaus en geroosterde groenten, als je die gemaakt hebt. Als je de kip net gebraden hebt, kun je hem serveren met allerlei soorten groene groenten of een simpele salade.

OPSLAG
Overgebleven kip kan 3 tot 4 dagen worden afgedekt en in de koelkast worden bewaard.

ROAST CHICKEN FOR
LES PARESSEUX (PAGE 300)

kip wassen of niet wassen?

Vele jaren geleden kookte ik voor Jacques Pépin in ons huis vlakbij het zijne in Connecticut. Toen Jacques aankwam, was ik in de keuken de kip die we aten een goed bad aan het geven, waarbij ik ervoor zorgde dat ik hem goed afspoelde, van binnen, van buiten en achter de vleugels. "Wat ben je aan het doen?" riep de normaal gesproken zachtaardige chef nogal luid uit.

'De kip wassen. Ben jij de kip niet aan het wassen?' Ik heb gevraagd.

Zijn antwoord was kort en bondig: "Bresse-kippen hoeven niet gewassen te worden."

Ik zou denken dat ze dat niet doen. De Bresse-kip – Bresse is zowel het ras van de kip als zijn geboorteplaats (een stad in de buurt van de geboorteplaats van Jacques) – is een Franse nationale schat. Het is niet alleen rood (de kruin), wit (het lichaam) en blauw (de voeten), maar het is ook zo streng verheven dat elk exemplaar is gemarkeerd met een nummer (en een zeer hoge prijs). Maar mijn kip kwam net van de plaatselijke slager en had niet zo'n stamboom.

Maar waarom heb ik het gewassen? Mijn moeder waste haar kip niet. Ik had nog nooit een kok in Frankrijk een vogel zien schrobben, of de vogel nu uit Bresse kwam of uit de supermarkt. Wat heb ik gedaan? Ik volgde de toen geldende voedselveiligheidsadviezen op.

Nu is dat advies veranderd. Tegenwoordig is de heersende wijsheid dat kip niet vooraf moet worden afgespoeld, omdat dezelfde bacteriën die we proberen weg te spoelen, alle gereedschappen die ermee in contact komen kruisbesmetten en alles wat tijdens het proces door het afwaswater wordt bespat. En trouwens, wat we proberen weg te spoelen zal gebeuren als de vogel gaar is.

Dus nu, ook al komen onze kippen niet uit Bresse, kunnen we ze op dezelfde manier behandelen.

Schiet op en wacht gefrituurde kip

IN FRANKRIJK, HET LAND VAN DE RASKIPPEN (kippen worden vaak per ras op de markt gekocht), is een gebraden kip een geliefd hoofdgerecht – het is het meest traditionele gerecht voor de zondagse lunch. Toch is het kleine geheim van het land dat thuiskoks de vogels vaak niet eens zelf braden: ze kopen ze warm bij de rotisserie van de slager en de kleine aardappelen die op de lekbak onder de kip worden gekookt, zijn inbegrepen. Toch heb ik nog nooit een Franse kok ontmoet die geen kip kan braden; Ik heb alleen nog niet iemand ontmoet die lyrisch was over haar vaardigheid.

En als de chef-kok, zoals ik, de leiding volgt van een van de grootste chef-koks van Frankrijk, Joël Robuchon, is vaardigheid niet nodig. De chef-kok adviseert om de kip tijdens het koken om te draaien en dan ruw op zijn kop te laten rusten, zodat de sappen terugkeren naar de borst, het deel dat het snelst kookt en meestal het droogst is. De methode, die eenvoudig is – afgezien van het gedeelte waar je de vogel moet draaien (ik gebruik siliconen wanten) – levert een opmerkelijk vochtige kip op.

Het haastige deel is de hoge temperatuur waarop de kip wordt gekookt; het wachtende deel is de rustperiode, de ca. De 15 minuten waarin de vogel op zijn kop staat. Wat je ook doet, sla het wachten niet over - het maakt het verschil in de sappigheid van je borsten.

Wil je kruiden of geroosterde groenten toevoegen aan de vogel, kijk dan eens bij Bonne Idée voor enkele tips.

	Ongeveer 2 eetlepels boter (gezouten of ongezouten), op kamertemperatuur, 2 eetlepels olijfolie, of een combinatie, plus (optioneel) 1 eetlepel koude boter als je de saus maakt
1	kip, ongeveer 4 pond, bij voorkeur biologisch, op kamertemperatuur
	Zout en versgemalen peper
¾-1	kopje water of een combinatie van water en droge witte wijn

Centreer een rooster in de oven en verwarm de oven voor op 450 graden F. Kies een geschikte pan - een metalen koekenpan, een gietijzeren pan of een Nederlandse oven - het belangrijkste is dat hij stevig is en tenzij je groenten braadt met de kip, niet te groot. Vet de bodem en zijkanten van de pan licht in met een beetje boter en/of olie.

    Bind de kippenpoten aan elkaar en vouw de vleugels naar achteren, wrijf vervolgens de overgebleven boter en/of olie over de kip. Kruid de kip met peper en zout.

    Leg de kip op zijn kant in de pan en laat 25 minuten ongestoord garen. Draai de vogel om naar de andere kant: als je siliconen wanten of siliconen pannenlappen hebt, gebruik ze dan voor de klus; zo niet, gebruik dan twee houten lepels of een paar pannenkoekendraaiers. Geef de kip nog 25 minuten in de oven. Voor de laatste draai, draai het op zijn rug en braad nog 10 minuten met de borst naar boven, of tot de schil goudbruin is en de sappen helder lopen als je met de punt van een mes in het dikste deel van de dij prikt.

    Terwijl de kip in de oven aan het afbakken is, bereidt u zich voor op de rustende hoofdstand: zet een schaal of schaal klaar die de vogel comfortabel kan houden en een kleine kom.

    Haal de pan uit de oven en leg de kip met de borst naar beneden in de schaal. Til de staart van de kip in de lucht, schuif de kom eronder en balanceer de vogel zodat hij op zijn zij rust. Bedek de kip losjes met aluminiumfolie en laat het 10 tot 20 minuten rusten om de sappen terug in de borst te laten zakken.

    Als je wat jus wilt maken, schep dan het vet van de vloeistof in de pan, plaats de pan op middelhoog vuur en voeg het water of water en wijn toe, waarbij je alle vaste stoffen die aan de bodem van de pan zijn blijven plakken, eruit schraapt. Kook de saus een paar minuten, proef en breng op smaak met zout en peper. Snijd desgewenst een eetlepel koude boter in stukjes en roer deze van het vuur door de saus.

    Snijd de kip in stukken en serveer met de saus, als je die gemaakt hebt.

VOOR 4 PORTIES

PORTIE

Als je deze kip op een zondagmiddag in Frankrijk zou eten, zou je een muiterij krijgen als je hem niet met gebakken aardappelen zou serveren (zie Bonne Idée), maar als je in een ander land bent, of het is een andere dag, volg het dan liefst met allerlei soorten groenten of gewoon een salade met gemengde groenten, liefst wat met karakter.

OPSLAG

Gekoeld tot kamertemperatuur en goed verpakt, maakt de overgebleven kip de volgende dag geweldige sandwiches, salades of snacks.

GOED IDEE

Er zijn zoveel manieren waarop je met gebakken kip kunt spelen. Denk er om te beginnen aan om voor het braden een klein boeketje verse kruiden en een paar schijfjes citroen of sinaasappel erin te doen (een paar teentjes knoflook zijn ook lekker); werk wat kruidenboter onder de huid, druk de zachte boter aan zodat deze de borst en het mollige deel van de dijen bedekt; en/of rond de kip met wat groenten. Als je groenten in de koekenpan gaat doen, kun je ze het beste klein houden en in plakjes snijden zodat ze ongeveer even groot zijn. Ik voeg graag kleine aardappelen (of in kleine stukjes gesneden aardappelen), wortelschijfjes, kleine uien en champignons toe. Ik gooi ze in olijfolie tot ze glanzend zijn, breng ze op smaak met zout en versgemalen peper, en meng er vaak ook takjes verse kruiden door.

De Armagnac-kip van M. Jacques

DIT RECEPT, UNE PETITE MERVEILLE (een klein wonder), zoals de Fransen zouden zeggen, werd mij vele jaren geleden gegeven door Jacques Drouot, maître d'hôtel in de beroemde brasserie Le Dôme in Parijs en een bevlogen thuiskok. Sindsdien maak ik het regelmatig. Het is een van die opmerkelijke gerechten die geruststellend en toch verfijnder zijn dan je zou verwachten (of echt het recht hebben om te beweren, gezien de basisingrediënten en zelfs meer basale kookmethode).

Hier is het recept op zijn eenvoudigst: je doet een kip en wat uien, wortelen en aardappelen in een zware pan, voegt Armagnac toe, doet het deksel erop en kookt ongeveer 60 minuten op hoge temperatuur. (Op een kerstdag, nadat ik de vogel in de oven had gezet, maakte ik met mijn vrienden een ontspannen wandeling midden in de maaltijd.) Als het klaar is, haal je de pan uit de oven, til je het deksel op en bewonder je hoe goudkleurig en heerlijk de kip is, roer er wat water door en marcheer naar de eetkamer. Natuurlijk zul je aangenaam duizelig zijn als je daar aankomt - de combinatie van trots en een diep aromatische saus kan dat doen - maar je zult genieten van het serveren van de kip met zijn malse geroosterde groenten en de saus. Oh, die saus: het is gewoon een beetje zoet en heel ingewikkeld - je hebt natuurlijk kip en groentesappen, maar het is de zachte, de pruimensmaak van Armagnac die zo opwindend is. Het feit dat je het hebt gemaakt door het pannensap met water te mengen, is gewoon een van de extra voordelen van dit gerecht.

1 eetlepel olijfolie of plantaardige olie
8 kleine aardappelen met een dunne schil, geschrobd en in de lengte gehalveerd
3 middelgrote ui, gehalveerd en in dunne plakjes gesneden
2 wortelen, bijgesneden, geschild en dik gesneden op de diagonaal

Zout en versgemalen witte peper

1 takje tijm
1 takje rozemarijn
1 laurierblad
   kip, ongeveer 3½ pond, bij voorkeur biologisch, in trossen
1 (of ondergevouwen vleugels en voeten samengebonden
   met keukentouw), op kamertemperatuur
½ kopje armagnac (cognac of andere cognac)
1 glas water

Centreer een rooster in de oven en verwarm de oven voor op 450 graden F. Je hebt een zware pan nodig met een goed sluitend deksel, een die groot genoeg is om de kip stevig vast te houden, maar nog steeds ruimte heeft voor de groenten. (Ik gebruik een Nederlandse geëmailleerde gietijzeren oven.)

Zet de pan op middelhoog vuur en giet de olie erin. Als ze warm zijn, gooi de groenten en gooi ze een minuut of twee in de olie tot ze glinsteren; breng op smaak met zout en witte peper. Roer de kruiden erdoor en duw alles naar de zijkanten van de pan om ruimte te maken voor de kip. Wrijf de kip rondom in met zout en witte peper, doe hem in de pan en giet de Armagnac eromheen. Laat de pot een minuut op het vuur staan om de Armagnac op te warmen en dek hem dan stevig af - als je deksel wankelt, bedek de pot dan met een stuk aluminiumfolie en plaats dan het deksel terug.

Schuif de pan in de oven en laat de kip 60 minuten ongestoord garen.

Plaats de pan op het vuur en verwijder voorzichtig het deksel en de folie als je het hebt gebruikt - zorg ervoor dat je het deksel van je af opent, want er zal zich veel stoom ophopen. Nadat je de prachtig gebruinde kip hebt bewonderd, doe je hem heel voorzichtig in een warme schaal of, nog beter, een kom; bedek losjes met een folietent.

Schep met een lepel het vet af dat naar de bovenkant van het kookvocht is gestegen en gooi het weg; haal het laurierblad eruit en gooi het ook weg. Zet het vuur op middelhoog, roer de groenten voorzichtig om eventuele aankoekingen aan de bodem van de pan te verwijderen en voeg al roerend het water toe om het met de sappen van de pan te mengen. Laat het ongeveer 5 minuten sudderen, of tot de saus wat dikker wordt, en proef dan op zout en peper.

Snijd de kip in stukken en serveer met de groenten en saus.

VOOR 4 PORTIES

PORTIE
Je kunt de kip heel op tafel zetten, omringd door de groenten, en hem in het openbaar aansnijden, of je kunt doen wat ik doe, namelijk de kip in vieren delen in de keuken, dan de vleugels scheiden van de borsten en de dijen van de kip. de benen. Ik schik de stukjes in een grote, ondiepe serveerschaal, schep de groenten in het midden, bevochtig alles met een beetje van de saus en giet de rest van het drankje in een sauskom om aan tafel door te geven.

OPSLAG
Ik kan me niet voorstellen dat je restjes wilt, maar als je dat toch doet, kun je de kip en groenten opnieuw opwarmen - zorg dat er wat saus bij zit zodat niets uitdroogt - afgedekt in een magnetron.

GOED IDEE
Armagnac en pruimen zijn een klassieke combinatie in Frankrijk. Als je wilt, gooi dan 8 tot 12 pruimen, ontpit of niet, in de pot met de kruiden. Als je pruimen pittig en zacht zijn, kunnen ze bijna smelten tijdens het koken, maar ze zullen een zoete, mooie toevoeging aan de mix zijn.

Armagnac

Net als Cognac, whisky en bourbon is Armagnac een gedistilleerde (sterk alcoholische) geest. Het is gemaakt van drie soorten witte druiven - Folle Blanche, Ugni Blanc en Colombard - en gerijpt in eikenhouten vaten in Gascogne, de regio in het zuidwesten van Frankrijk die vooral bekend staat als de thuisbasis van de Drie Musketiers. Het wordt meestal genoten, net als Cognac, als digestief na het eten.

Armagnac is een geweldige spirit om mee te koken - en een goede slok bij rijke desserts, vooral Coupétade ([>]), omdat het pruimen bevat, een andere specialiteit van de regio, en een die zo goed samengaat met Armagnac. Armagnac is niet goedkoop (flessen verkopen van ongeveer $ 30 tot ruim $ 100), maar rechtop bewaard (nooit op zijn kant) uit de buurt van licht en warmte, is het bijna eeuwig houdbaar, zelfs nadat je het hebt geopend.

In de meeste recepten kunt u Armagnac vervangen door Cognac of cognac. De spirits zijn niet hetzelfde, maar ze geven allemaal karakter aan een gerecht.

Kip in een pot: de versie met knoflook en citroen

IK KAN JE NIET PRECIES HERINNEREN WANNEER IK VOOR HET EERST Kip maakte, gekookt in een pot die strakker was afgesloten dan de oude piramides, maar ik herinner me wel dat het Kip met 40 teentjes knoflook heette en dat het recept uit de welverdiende klassieker van Richard Olney kwam kookboek Eenvoudig Frans Eten. In zijn versie van dit traditionele gerecht wordt de kip in stukken gesneden en in een pot gedaan met vier teentjes knoflook, in teentjes gespleten maar niet geschild; gedroogde kruiden; een bouquet garni; en een beetje olijfolie. Alles wordt door elkaar gegooid totdat het allemaal met elkaar vermengd is, de pot wordt goed afgesloten met een bloem-en-waterdeeg, en het wordt allemaal in de oven geschoven om te braden tot de kip gaar is en de knoflook gaar is, zoet en zacht genoeg om te verspreiden. op brood. Het is een meesterwerk van eenvoud, en wanneer het zegel aan tafel wordt verbroken,

    Het recept van Olney was het eerste van de ik-kan-niet-eens-tellen-hoeveel-kippen in één pot die ik heb gemaakt. Ik heb kippen heel en in stukjes gekookt, met een tuin aan groenten en met alleen knoflook, met hete kruiden en met geurige kruiden, met en zonder wijn, en met en zonder de deegafdichter (met is beter). Ik heb de kip gekookt in een zware Nederlandse oven (mijn favoriet), een geëmailleerde koekenpan (niet de beste) en een aarden pot (mijn andere favoriet; als je een aarden pot gebruikt, laat dan het deeg weg zegel - die klei is te kwetsbaar). En ik heb het in elk seizoen gekookt - het is net zo lekker in de zomer als in de winter.

    Dit, mijn versie met knoflook en citroen, is geïnspireerd op een gerecht gemaakt door Antoine Westermann, een chef-kok met een Michelin-restaurant met drie sterren in de Elzas en een bistro in Parijs. Dat er niets Elzassers is aan het gebruik van Marokkaanse gekonfijte citroenen en niets bijzonders Frans aan de toevoeging van zoete aardappelen maakt het gerecht nog lekkerder.

½   gekonfijte citroen (zie Bronnen[>]), goed uitspoelen

1 glas water
¼ kopje suiker
5 eetlepels extra vergine olijfolie
2 grote zoete aardappelen, geschild en elk in 8 gelijke stukken gesneden (u kunt desgewenst witte aardappelen gebruiken)
16 kleine witte ui, gele ui of sjalot
8 wortelen, bijgesneden, geschild en in vieren gesneden
4 stengels bleekselderij, bijgesneden, geschild en in vieren gesneden
4 knoflookkoppen, teentjes gescheiden maar niet geschild

Zout en versgemalen peper

3 takjes tijm
3 takjes peterselie
2 takjes rozemarijn
1 kip, ongeveer 4 pond, bij voorkeur biologisch, heel of in 8 stukken gesneden, op kamertemperatuur
1 kopje kippenbouillon
½ kopje droge witte wijn

Ongeveer 1½ kopje bloem voor alle doeleinden

Ongeveer ¾ kopje warm water

Centreer een rek in de oven en verwarm de oven voor op 450 graden F.

Snijd met een schilmesje de schil van de gekonfijte citroen en snijd deze in kleine vierkantjes; gooi de pulp weg. Kook water en suiker in een kleine steelpan, doe de schil erin en kook gedurende 1 minuut; uitlekken en opzij zetten.

Verhit 2 eetlepels olijfolie in een grote koekenpan op hoog vuur. Voeg de groenten en knoflook toe, breng op smaak met peper en zout en bak tot de groenten aan alle kanten bruin zijn. (Doe dit indien nodig in 2 porties.) Giet de groenten in een 4½ tot 5 liter braadpan of andere pot met deksel en roer de kruiden en de gekonfijte citroen erdoor.

Zet de pan weer op het vuur, voeg nog een eetlepel olie toe en bak de kip aan alle kanten bruin, breng op smaak met zout en peper terwijl het kookt. Leg de kip in de pan en omring hem met de groenten. Meng bouillon, wijn en de resterende olijfolie en giet dit over de kip en groenten.

Doe 1½ kopje bloem in een middelgrote kom en voeg voldoende warm water toe om een soepel deeg te maken. Bestrooi een werkvlak met een beetje bloem, rol het deeg uit en rol het deeg met je handen tot een worst. Plaats het deeg op de rand van de pot - als het breekt, leg het dan gewoon in elkaar - en druk het deksel op het deeg om de pot af te sluiten.

Schuif de pot in de oven en bak gedurende 55 minuten.

Nu heb je de keuze: je kunt het zegel verbreken in de keuken of aan tafel doen, waar het zeker een puinhoop zal maken, maar waar iedereen het genoegen zal hebben om de eerste geurige geur te delen terwijl je het deksel optilt met een bloem. Of het nu aan tafel is of in de keuken, het beste gereedschap om de verzegeling te verbreken is het minst aantrekkelijk: een schroevendraaier. Gebruik de punt van de schroevendraaier als hefboom om het deksel van het deeg te scheiden.

Afhankelijk van of je kip heel of versneden was, moet je misschien wat aansnijden in de keuken, maar uiteindelijk wil je zeker weten dat de groenten en heerlijke bouillon bij de kip op tafel staan.

VOOR 4 PORTIES

PORTIE
Als de kip in stukken gesneden is, kun je deze gewoon serveren samen met de groenten uit de pot. Als de kip heel is, kun je hem in vieren snijden en de stukjes terug in de pan doen of de kip en groenten op een serveerschaal leggen. In ieder geval hoef je niets anders te serveren dan wat boerenbrood, dat is goed voor twee dingen: om de zoete knoflook van de schil te smeren en om in de kookbouillon te dippen. Een van de redenen waarom ik de pot graag op tafel zet, is omdat dippen gemakkelijk is.

OPSLAG
Als je overgebleven kip, groenten en bouillon hebt (wat we in ons huis "rommel" noemen), kunnen ze voorzichtig worden opgewarmd in de bovenkant van een dubbele boiler of in een magnetron.

GOED IDEE
Je kunt jezelf wat tijd en wat opruimen besparen door in de winkel gekocht pizzadeeg te gebruiken om de pan af te dichten. Als je pizzadeeg gebruikt, rijst het rond de pan.

ingemaakte citroenen

Geconfijte citroenen, in Frankrijk bekend als gekonfijte citroenen, zijn een Marokkaanse en Midden-Oosterse specialiteit die wordt gemaakt door diepe sleuven in citroenen te snijden en ze gedurende ten minste drie weken in zout en hun eigen sap te begraven. Het resultaat is een ingelegde of gezouten citroen, gewaardeerd om zijn schil (vaak wordt het vruchtvlees niet gebruikt), die zacht is en een scherpe en, ja, zoute smaak heeft.

Geconserveerde citroenen zijn lekker bij kip en bij vlezige vis, zoals tonijn en zwaardvis; ze zijn ook geweldig met bittere groenten en zelfs bieten.

Kip basquaise

WANNEER JE de term BASQUAISE of "Baskische stijl" op een menu ziet, kun je er vrij zeker van zijn dat het gerecht een ragout bevat van rode en groene paprika's, uien, tomaten en een vleugje pittigheid, meestal uit de beroemde chili uit de regio. , piment d'Espelette. Genaamd pipérade, het mengsel verschijnt met rijst (denk "Spaanse rijst"), gemengd met roerei (terwijl, om te verwarren, het afgewerkte gerecht van paprika en eieren ook pipérade wordt genoemd), en als basis van een stoofpot die kan bevatten tonijn, een gewaardeerde vangst langs de Baskische kust, of, zoals hier, kip. Met andere woorden, met een pot piperade kun je een paar maaltijden mixen en matchen, iets wat ik al doe sinds mijn eerste reis door Frans Baskenland.

Ik heb de Baskische gewoonte overgenomen om een klein bakje piment d'Espelette op tafel te zetten in plaats van de gebruikelijke pepermolen. De mild hete rode peper dankt zijn naam aan het dorp Espelette, waar de vers geoogste pepers in vlechten worden gebonden en te drogen worden gehangen tegen de muren van de witgekalkte huizen voordat ze worden geverfd. Piment d'Espelette is verkrijgbaar in speciaalzaken en online, en waar je het ook koopt, zelfs in Espelette, het is duur - gelukkig bevat een snufje veel smaak. Als je geen piment d'Espelette hebt, laat dat je er dan niet van weerhouden om de pijpenrij te maken; gebruik in plaats daarvan Anaheim-chilipoeder (of zelfs gewoon chilipoeder).

U kunt piperade bereiden zonder de paprika's te schillen; maar als ze koken, zal de schil van het vlees scheiden. Als je een vloeibare huid niet erg vindt, sla dan de schil over (wat ik doe). Als je de paprika's liever schilt, heb je een aantal opties: je kunt een gekartelde dunschiller gebruiken om de schil te verwijderen, of je kunt de paprika's roosteren totdat de schil gemakkelijk kan worden verwijderd, maar niet voordat het vruchtvlees zacht wordt. . De snelste en gemakkelijkste manier om dit te doen, is door de paprika's te verkolen boven een gasbrander of op een elektrische brander. Zodra de huid opwarmt en de blaren voldoende zijn om te verwijderen, ben je onderweg.

VOOR DE PIJPENRIJ

2	grote Spaanse of Vidalia uien
3	eetlepels olijfolie
4	groene paprika, eventueel geschild
2	rode paprika, eventueel geschild
3	milde chili (of andere rode peper)
6	tomaten, geschild en in stukjes gesneden
2-4	teentje knoflook (naar smaak), verdeeld, kiem verwijderd en gehakt
2	theelepels zeezout, of meer naar smaak
	Een snufje suiker
2	takjes tijm
1	laurierblad
¼-½	theelepels allspice d'Espelette (zie kopnoot en bronnen[>]), Anaheim of ander puur chilipoeder of chilipoeder
	Versgemalen peper

VOOR DE KIP

1	kip, ongeveer 4 pond, bij voorkeur biologisch, in 8 stukken gesneden, of 8 kippendijen, op kamertemperatuur
2	eetlepels olijfolie
	Zout en versgemalen peper
¾	kopje droge witte wijn
	Witte rijst, om te serveren
	Fijngehakte verse basilicum en/of koriander, voor garnering (optioneel)

DE PIPÉRADE MAKEN: Snijd de uien van boven naar beneden doormidden. Leg elk stuk met de platte kant naar beneden en snijd het opnieuw doormidden van boven naar beneden, stop net bij het worteluiteinde; snijd elke ui kruiselings in dunne plakjes.

Zet een braadpan of grote koekenpan met deksel op middelhoog vuur en giet er 2 eetlepels olie in. Verhit de olie een minuut, doe dan de ui erbij en bak al roerend 10 minuten, of tot ze zacht maar niet gekleurd zijn.

Snijd intussen de paprika's en chilipepers doormidden, snij de kapjes eraf, verwijder het klokhuis en verwijder de zaadjes. Snijd de paprika's in de lengte in reepjes van ongeveer een halve centimeter breed. Snijd de chili in dunne plakjes.

Voeg de resterende eetlepel olie toe aan de pan, roer de paprika en chili erdoor, dek af en zet het vuur middelhoog. Kook en roer nog 20 minuten, of tot alle groenten vrij zacht zijn.

Voeg tomaten, knoflook, zout, suiker, tijm, laurier, piment d'Espelette of chilipoeder en versgemalen peper naar smaak toe, roer goed, dek af en kook nog eens 10 minuten. Verwijder de deksel en laat de pijpenrij nog 15 minuten pruttelen. Je wilt een goede hoeveelheid vloeistof in de pot, en dat is oké. Verwijder de tijm en laurierblaadjes. Proef en voeg naar smaak meer zout, peper of piment d'Espelette toe.

Als je piperade en eieren wilt maken (zie Bonne Idée), gebruik dan een schuimspaan om 2 kopjes van het pepermengsel in een kom te doen. Voeg een beetje van het kookvocht toe en laat afkoelen tot gebruik. (Je kunt de hele pijpenrij luchtdicht inpakken en maximaal 4 dagen in de koelkast bewaren.)

OM DE KIP TE MAKEN: Droog de stukjes kip. Verhit de olie in een braadpan of andere zware pan op middelhoog vuur. Voeg een paar stukjes kip toe, met het vel naar beneden (vul de kip niet te vol - doe dit in porties) en bak tot het vel goudbruin is, ca. 5 minuten. Keer de stukken en bak nog 3 minuten. Doe de stukjes in een kom, breng op smaak met zout en peper en ga door tot alle kip bruin is.

Gooi de olie weg, zet de pan op hoog vuur, giet de wijn erin en gebruik een houten lepel om eventuele stukjes die aan de bodem vastzitten weg te schrapen. Laat de wijn borrelen tot hij inkookt tot ongeveer 2 el. Doe de kip terug in de pan, voeg de sappen toe die zich in de kom hebben opgehoopt en voeg toe aan de spuitzak. Breng het mengsel aan de kook, zet het vuur lager zodat de piperrij net niet kookt, dek de pan af en laat 40 minuten sudderen, of tot de kip gaar is. Proef op zout en peper en pas zo nodig op smaak.

Serveer over witte rijst, bestrooid met basilicum en/of koriander, indien gebruikt.

VOOR 4 PORTIES

PORTIE
De kleurrijke rij kip en paprika wordt het best geserveerd op gewone witte rijst. Bestrooi de bovenkant van het gerecht eventueel met wat fijngehakte verse basilicum of koriander. Zet volgens de Baskische traditie een klein bakje piment d'Espelette op tafel of vul een kleine pepermolen of shaker met de piment.

OPSLAG
De piperrij kan van tevoren worden gemaakt en tot 4 dagen in de koelkast worden bewaard of tot 2 maanden luchtdicht verpakt en ingevroren. Piperade en kip kunnen ook van tevoren worden gemaakt en een paar dagen in de koelkast worden bewaard of een paar maanden worden ingevroren; ontdooi een nacht in de koelkast.

GOED IDEE
Piperade en eieren. De traditionele manier om piperade en eieren te maken, is door piperade op te warmen, het losgeklopte ei door het mengsel te roeren en te koken tot de eieren roerei zijn. Het is onvermijdelijk en onvermijdelijk dat de eieren krullen, maar niemand (althans geen Basken) lijkt er iets om te geven. Als je roerei wilt, verwarm dan 2 kopjes piperade in een pan. Klop ondertussen 6 eieren los met een beetje zout en peper in een kom. Verhit 2 eetlepels ongezouten boter in een grote koekenpan op middelhoog vuur en giet de eieren erbij als de bubbels zijn verdwenen. Kook de eieren al roerend tot ze een zachte wrongel vormen. Giet de pipera in vier ondiepe soepborden en maak met de achterkant van een lepel een kuiltje in het midden. Vul elk kuiltje met een beetje roerei. Besprenkel de eieren en peper spaarzaam met olijfolie, bestrooi eventueel met gehakte basilicum of koriander.

CHICKEN BASQUAISE (PAGE 314)

Kiptajine met zoete aardappelen en pruimen

ZEKER VALT AAN DE ZOETE KANT van het zoet-hartige continuüm, deze tajine verleidt met zijn beklijvende aroma's en overwint met zijn mix van kruiden, fruit en groenten. Zoals vaak het geval is bij tagines, is het gebouwd op een basis van uien, langzaam, langzaam, langzaam gekookt, niet om ze te kleuren, maar om de smaak te concentreren, ze bijna te laten smelten, en om ze klaar te maken om de kruiden te ontvangen - saffraan, kaneel (als je volle en licht gekruide Vietnamese kaneel kunt vinden, het is hier heerlijk), steranijs en laurier. Hoewel dit een krachtige melange is, maakt zacht koken het mild en aangenaam verwarrend; het zal niet gemakkelijk zijn om je vinger te leggen op welke van de kruiden je aanmoedigt om een andere te proeven. De zoete aardappelen en pruimen dragen alleen maar bij aan het exotisme.

Ongeveer ¼ kopje olijfolie

2 grote witte ui, in de lengte gehalveerd en in dunne plakjes gesneden

½ kop plus 1 el water

Zout

1 kip, ongeveer 4 pond, bij voorkeur biologisch, in 8 stukken gesneden, of 8 kippendijen, drooggedept, op kamertemperatuur

Versgemalen peper

2 grote snufjes saffraandraden
⅛ theelepel gemalen kaneel

Snufje cayennepeper

1 steranijs tip
1 laurierblad
2 eetlepels honing
1 kopje kippenbouillon
12 ontpitte pruimen

1	pond zoete aardappelen, geschild en in blokjes van 2 inch gesneden

Geroosterde gehakte walnoten, om te serveren (optioneel)

Giet 2 eetlepels olie in de bodem van een grote tajine of Nederlandse oven en verwarm op laag vuur. Voeg de uien toe, roer om ze met olie te bedekken, roer dan 1 el water erdoor, breng op smaak met zout en dek de pan af. Laat de uien ongeveer 30 minuten zachtjes koken, af en toe roeren, tot ze heel zacht maar niet gekleurd zijn.

Bak ondertussen de kip bruin. Verhit een eetlepel of twee olie in een grote pan, bij voorkeur anti-aanbaklaag, op middelhoog vuur. Leg de kip in de pan, met het vel naar beneden (vul de pan niet - als deze niet groot genoeg is om de stukken goed vast te houden, werk dan in porties) en braad de kip ca. 4 minuten per kant, of tot ze goudbruin zijn. Leg de kip op een bord en breng op smaak met zout en peper.

Als de ui zacht is, voeg je de saffraan toe, plet je het tussen je vingers terwijl je het erin sprenkelt, de rest van de kruiden, het laurierblad, de honing, de bouillon en het resterende ½ kopje water en roer om te combineren. Verdeel de pruimen over het mengsel en bedek met de stukjes kip, met het vel naar boven. Strooi de aardappelblokjes over de kip en breng het vocht aan de kook. Zet het vuur zo dat de bouillon zachtjes maar gelijkmatig suddert, dek af en kook ongeveer 45 minuten, of tot de kip gaar is en de aardappelen gaar zijn. Wacht tot je de 45 minuten hebt bereikt voordat je het deksel optilt - de tajine moet ongestoord wegborrelen.

Proef de sappen uit de pan en als je de smaken wilt concentreren, doe je de kip en groenten in een serveerschaal, dek af en houd warm. Kook de vloeistof een paar minuten, onthoud dat dit echt een jus is, geen saus, en het is de bedoeling dat het dun is. Als je de kip en garnituur hebt verwijderd, giet je de sappen erover; als alles nog in de tajine of pot zit, kun je ze daar laten staan om te serveren.

Breng in beide gevallen op smaak met zout en peper, bestrooi met de gehakte walnoten, indien gebruikt, en serveer.

VOOR 4 PORTIES

PORTIE

Door de zoete aardappelen hoef je eigenlijk niets anders bij de tajine te serveren, het is een echte eenpansmaaltijd. Maar omdat de saus zo goed is, is het moeilijk om er niet nog wat meer over te gieten. Couscous is een natuurlijke keuze, en een lekkere rijst, zoals basmati of jasmijn, is ook erg lekker, maar mijn persoonlijke favoriet is quinoa: ik denk dat de geroosterdheid van het graan heel goed samengaat met het kruidige van de tajine.

OPSLAG

Zoals met zoveel gestoofde gerechten, is deze de volgende dag goed op te warmen.

Kip Couscous

*COUSCOUS*IS DE NAAM VAN ZOWEL een griesmeelpasta met kleine korrels als de geurige pittige Noord-Afrikaanse stoofpot die erbij geserveerd wordt. Meestal wordt de stoofpot in de ene kom gegoten, de couscous in een andere en de bouillon van de stoofpot in een derde; de harissa komt op tafel in een kleine pot, en er kan zelfs een kom met rozijnen en een amandel zijn. Je neemt wat stoofvlees en wat couscous en dan, als je van pittig houdt, doe je wat harissa in de pollepel of een kommetje, voeg wat bouillon toe, draai rond en giet de bouillon over je beslag. De rozijnen en noten zijn om te bestrooien. Het is een aangenaam gerecht en, net als andere deelnemende gerechten, geweldig voor een menigte.

Echt traditionele couscous is een complexe aangelegenheid die een couscoussière vereist, een grote pan met twee niveaus waarin je de stoofpot op de bodem kunt koken en het vocht van het graan erboven kunt laten verdampen, en een speciale techniek voor het met de hand raspen van griesmeel. Het is een lang proces, en ik denk dat het mooi is om naar te kijken, maar het is niet iets dat de meeste mensen thuis doen. Voor zelfgemaakte couscous gaan Franse koks, net als Amerikanen, over op instant couscous die in minder dan vijf minuten in bouillon kan worden gekookt. Je maakt deze heerlijke couscous in ongeveer een uur, niet dat je wilt haasten - de geur van een couscous in wording is verleidelijk.

1	eetlepel geraspte verse gember en/of 2½ theelepel gemalen gember (of naar smaak)
¾	theelepel gemalen komijn
½	theelepel kurkuma
¼	theelepel saffraandraadjes, tussen vingers geknepen (optioneel)
⅛	theelepel gemalen kaneel
3	teentje knoflook, gespleten, zaad verwijderd en fijngehakt
	Zout en versgemalen peper
2-3	eetlepels ongezouten boter

1	kip, ongeveer 4 pond, bij voorkeur biologisch, in 8 stukken gesneden, of 8 kippendijen, drooggedept, op kamertemperatuur
6	kopjes kippenbouillon
2	prei, alleen de witte en lichtgroene delen, in de lengte doorgesneden, gewassen en in stukken van 5 cm gesneden
8	kleine witte uien
2	stengels bleekselderij, bijgesneden, geschild en in stukken van 2 inch gesneden
2	wortelen, bijgesneden, geschild en in stukken van 2 inch gesneden
2	middelgrote rapen, bijgesneden, geschild en in vieren gesneden
1½	kopjes snelkokende couscous
2	dunne courgette, bijgesneden en in stukken van 2 inch gesneden
1	15- tot 16-ounce kan kikkererwten, uitgelekt en gespoeld

Harissa (zie Bronnen[>]) voor serveren

Vochtige, dikke gouden rozijnen, om te serveren (optioneel)

Combineer gember (vers en gemalen, indien beide gebruikt), komijn, kurkuma, saffraan (indien gebruikt), kaneel, knoflook en zout en peper naar smaak in een kleine kom.

Zet een grote braadpan of soeppan op middelhoog vuur en voeg de boter toe. Als het gesmolten is, leg je de stukjes kip in de pan (werk indien nodig in porties) en strooi het kruiden-/kruidenmengsel erover. Kook, draai de stukken zodat ze de kruiden op de bodem van de pan opnemen, totdat ze hun rauwe textuur verliezen - je hoeft ze niet bruin te maken.

Giet de bouillon in de pan, zet het vuur hoger en breng aan de kook. Zet het vuur lager om de bouillon kalm maar glad te houden, voeg de prei, uien, selderij, wortelen en rapen toe en kook tot de groenten gemakkelijk kunnen worden doorboord met de punt van een mes, ongeveer 3 minuten. 15 minuten. (Je kunt de couscous tot een dag van tevoren maken; zet de bouillon apart van de kip en groenten in de koelkast, combineer en verwarm opnieuw voordat je het gerecht afmaakt.)

Proef op peper en zout en breng zo nodig op smaak. Breng 3 kopjes bouillon over in een middelgrote pan en breng aan de kook. Giet de couscous erbij en laat de bouillon een minuut zachtjes pruttelen, roer dan, zet het vuur uit, dek de pan af en laat de couscous de bouillon opnemen, ongeveer 5 minuten.

Om de stoofpot af te maken, voeg je de pompoen en kikkererwten toe en kook je ongeveer 5 minuten, of tot de courgette gaar is.

Serveer de stamppot gloeiend heet. Elke persoon moet een bord couscous met kip, groenten en bouillon hebben, met kleine kommen bouillon, harissa en rozijnen (indien gebruikt) binnen handbereik.

VOOR 4 PORTIES

PORTIE

Je kunt alles op tafel zetten en de gasten zelf laten serveren, of je kunt elke gast de couscous (de pasta), de kip en de groenten op ondiepe soepborden serveren. De couscous kan een basis zijn voor de stoofpot, of hij kan er apart bij. Giet een beetje bouillon over elke portie. Wat betreft de hete saus, laat de gasten zelf beslissen. Zet een kommetje bouillon naast elke portie en laat gasten zoveel harissa aan de bouillon toevoegen als ze willen en over de couscous gieten. Geef de rozijnen aan tafel.

OPSLAG

Als het handiger voor je is om in fasen te werken, kook het gerecht dan zo ver dat je wat bouillon verwijdert om de couscous te koken. Koel de bouillon en de kip met de groenten apart af en maak het gerecht de volgende dag af. Als je het hele gerecht hebt gemaakt en er restjes over zijn, verwarm ze dan voorzichtig opnieuw - het graan en de groenten worden wat zachter, maar ze smaken nog steeds goed.

Kipfilet Diable

DUIVEL IS HET FRANSE WOORD VOOR DUIVEL, en als je het op een menukaart ziet, kun je er zeker van zijn dat het gerecht mosterd bevat, meestal la moutarde forte de Dijon, sterke Dijon-mosterd, die ongeveer net zo heet is als kruiden in de Franse keuken. Je kunt ook rekenen op de aanwezigheid van paneermeel. In de meest traditionele lezing van poulet à la diable worden de stukjes kip met bot omhuld met gladde Dijon-mosterd, omhuld met paneermeel, besprenkeld met gesmolten boter en gebakken. In mijn snellere versie bak je kipkoteletten en maak je vervolgens een pannensaus met sjalotten en knoflook, witte wijn, room en mosterd. Met een kleine aanpassing maak je van dit gerecht steak (zie Bonne Idée).

4 Kipfilethelften zonder vel, zonder bot, bij voorkeur biologisch, niet mals, licht gestampt, op kamertemperatuur
1 eetlepel ongezouten boter

Ongeveer 1 eetlepel olijfolie

Zout en versgemalen peper

1 middelgrote sjalot, fijngehakt, gespoeld en drooggedept
1 teentje knoflook, gespleten, zaad verwijderd en fijngehakt
⅓ kopje droge witte wijn
½ kopje zware room
3 eetlepels dijon of korrelige mosterd, bij voorkeur Frans, of iets meer
1-2 theelepels Worcestershire-saus

Centreer een rek in de oven en verwarm de oven voor op 200 graden F. Dep de kipfilets droog.

Zet een grote pan op middelhoog vuur en voeg de boter en 1 eetlepel olie toe. Als de boter is gesmolten, leg je de stukjes kip in de pan. (Als je pan niet groot genoeg is om alle stukjes tegelijk te bevatten, kook de kip dan in porties of werk in twee pannen.) Pas het vuur aan zodat de boter niet verbrandt en kook de kip tot hij aan de onderkant goed bruin is , ongeveer 4 minuten. Draai de stukken om en bak tot de andere kant ook mooi bruin is en de kip gaar is – snijd in stukjes om te controleren. Als de pan uitdroogt, besprenkel dan met een beetje meer olie. Leg de borsten op een hittebestendig bord (een met een rand om de sappen op te vangen), breng op smaak met zout en peper, dek licht af met een folietent en houd warm in de oven terwijl je de saus bereidt.

Zet het vuur laag, doe de sjalotten en knoflook in de pan en breng op smaak met zout en peper. Kook al roerend tot ze zacht zijn, ca. 2 minuten. Giet de wijn erbij, en als het begint te borrelen, roer je om alles wat aan de bodem van de pan is blijven kleven op te nemen. Laat de wijn een paar seconden koken en giet dan de slagroom erbij. Roer zodra het kookt de mosterd en 1 tl worcestershiresaus erdoor. Proef en beslis of je meer mosterd, Worcestershire of peper wilt (je hebt waarschijnlijk niet meer zout nodig, want mosterd is zout).

Haal de kip uit de oven, giet eventuele sappen op het bord in de pot en roer de saus opnieuw. Serveer de kip met de saus.

VOOR 4 PORTIES

PORTIE
Schik de kip op een warme serveerschaal of op afzonderlijke borden en giet een gelijke hoeveelheid saus over elk stuk. Ik serveer graag de Deviled Chicken with Garlicky Crumb Coated Broccoli ([>]) of gewoon gestoomde wortels, gemengd met een beetje boter en fijngehakte verse peterselie of tijm.

OPSLAG
Chicken diable is geen gerecht om te bewaren - geniet ervan zodra het gemaakt is.

GOED IDEE
Filet Mignon Duivel. Breng de mignonfilets op kamertemperatuur, droog elk stuk tussen keukenpapier en bak ze aan beide kanten in boter en olie. Rundvlees heeft minder kooktijd nodig dan kip, dus controleer na 2 minuten per kant. Als het rundvlees naar wens is gekookt, leg het dan op een bord, breng op smaak met zout en peper, dek losjes af en

plaats in de oven op 200 graden. Kook de sjalotten en knoflook in het vet dat in de pan is achtergebleven, giet dan ¼ kopje droge witte wijn en 2 eetlepels brandewijn, armagnac of andere brandewijn erbij. Laat 1 minuut koken, schraap eventuele aanbaksels uit de pan en voeg dan de slagroom toe, gevolgd door de mosterd en Worcestershire-saus. Giet het sap rond de biefstuk in de pan, roer de saus nog een laatste keer door en serveer met een lepel saus over de biefstuk.

Kip, appels en room à la Normande

ALS JE EEN SCHOTEL VINDT met appels en room, is het waarschijnlijk à la Normande, een eerbetoon aan Normandië. De regio loopt van de westelijke rand van Parijs tot het Engelse Kanaal en staat bekend om appels, cider, cognacachtige Calvados (gemaakt van appels), room (inclusief dikke, lepelbare creme fraîche), Camembert en boter. Niet slecht voor een klein hoekje van het land. In dit geval is het de kipfilet die de Normandische behandeling krijgt (hoewel het ook varkensvlees kan zijn; zie Bonne Idée), en naast appels en room zijn er Calvados en champignons, die ook in de streek voorkomen. Het gerecht is een licht zoet, beslist rijk brouwsel dat luxer, veel stijlvoller en veel mooier is dan de ingrediëntenlijst of de korte tijd die je nodig hebt om het samen te stellen zou doen geloven.

Bloem voor alle doeleinden, voor baggeren

Zout en versgemalen peper

4	Kipfilethelften zonder vel, zonder bot, bij voorkeur biologisch, zonder mals, op kamertemperatuur
1-2	eetlepels ongezouten boter
1-2	eetlepels olijfolie
1	grote appel, geschild, klokhuis verwijderd en in stukjes van 2,5 cm gesneden
1	middelgrote ui, fijngehakt
8	champignons, gesteeld, schoon gedroogd, dun gesneden en kruiselings gesneden
⅓	kopje kippenbouillon
2	eetlepels Calvados, appelcider of cognac
⅔	kopje zware room

Strooi wat bloem op een bord en breng op smaak met zout en peper. Dep de stukken kip droog en haal ze door de bloem, bedek beide kanten lichtjes en borstel het overtollige eraf.

Zet een grote frituurpan op middelhoog vuur (ik hou van antiaanbaklaag) en voeg 1 eetlepel boter en olie toe. Zodra de boter is gesmolten, laat je de kip in de pan vallen (als de pan niet groot genoeg is voor alle 4 de stukken, doe dit dan in 2 porties of gebruik twee pannen). Bak gedurende 3 minuten om de onderkant bruin te maken, draai dan om en bak nog eens 3 minuten. (Doe alle kip terug in de pan als je het in porties hebt gekookt.)

Als je bijna geen boter en olie meer hebt, voeg dan nu wat meer toe en doe dan de appel, ui en champignons erbij. Kruid met peper en zout en draai de nieuwe toevoegingen zodat ze goed gemengd en glanzend zijn met boter en olie. Laat 1 minuut koken en giet dan de bouillon erbij. Als de bouillon borrelt, zet je het vuur lager - je wilt het laten sudderen - en kook je ongeveer 10 minuten, of tot de kip bijna gaar is. (De kooktijd is afhankelijk van de dikte van uw stukjes kip; begin met controleren na 6 minuten.)

Zet het vuur weer hoger, giet de Calvados erbij en kook tot deze bijna verdampt is, ca. 1 minuut. Voeg de room toe en houd het vuur hoog, kook tot de room met ongeveer een kwart is ingekookt, een paar minuten. (Als je bang bent dat je kip te gaar wordt, doe hem dan in een serveerschaal en houd hem warm, lichtjes afgedekt.) Breng de saus op smaak met zout en peper. Als je de kip hebt verwijderd, giet je de saus erover; als de schaal nog intact is, plaats deze dan op een bord.

VOOR 4 PORTIES

PORTIE
Soms doe ik de kip met de heerlijke roomsaus over met citroen gestoomde spinazie ([>])—Ik hou van de eenvoudige, minerale smaak van de spinazie tegen de zoetheid van de appel en ui. Soms combineer ik het met gestoomde broccoli gegooid met olijfolie of met groene pancettabonen ([>]), en soms laat ik het gewoon zijn gang gaan – het heeft genoeg smaak, textuur en nuance om op zichzelf te staan.

OPSLAG
Als je restjes hebt, kun je die de volgende dag voorzichtig opwarmen.

GOED IDEE
Varkensvlees à la Normande. Vervang de kipfilets door karbonades (het duurt ongeveer 15 minuten om door te koken, afhankelijk van de dikte) en bewaar al het andere in het recept. Als je wilt, omdat varkensvlees en salie zo'n mooie combinatie zijn, kun je wat fijngehakte verse salie toevoegen aan de bloem die je gebruikt om het vlees te baggeren.

Kaneel Crunch Kip

MIJN VRIEND ALICE VASSEUR heeft een zeer expressief gezicht. Haar glimlach en frons zijn te groot, en als ze opgewonden is, worden haar ogen groot en zien haar wenkbrauwen eruit alsof ze eraf gaan vallen. En dus zaten we op een koude wintermiddag thee te drinken in mijn keuken in Parijs, toen haar gezicht plotseling oplichtte en ze uitriep: "Ik vergat je te vertellen wat ik gisteravond heb gemaakt - het is zo gemakkelijk en zo goed, en de vrienden waar ik van hield it: kip met speculaas!"

Speculoos (ook gespeld als speculaas) zijn dunne, boterachtige kaneel- en kruidenkoekjes die, hoewel knapperig, als zandkoekjes in je mond smelten. Een specialiteit uit Noord-Frankrijk, België en Nederland, het populairst tijdens de kerstperiode, maar het hele jaar door verkrijgbaar, zelfs in Amerikaanse supermarkten (zoek naar LU Cinnamon Sugar Spice Biscuits of LU Bastogne), ze worden meestal gecombineerd - als ze niet samen met thee worden geserveerd of koffie (het zijn goede dunkers) – met foie gras of iets ouds. Het gebruik van de taarten met kip was een sprong en een beetje genialiteit van Alice.

Dit gerecht heeft slechts drie hoofdingrediënten, kipfilet, crème fraîche en speculaas, en het duurt slechts 10 minuten om het te bereiden, maar het is niet alleen ongewoon en lekker, het is ook een recept dat de Franse thuiskeuken van vandaag perfect vertegenwoordigt: het maakt supermarkt ingrediënten zien er stijlvol uit en smaken haute.

Crème fraîche is echt wat je hier zou moeten gebruiken, zowel vanwege de scherpe smaak als vanwege het verwarmingsvermogen. Als het moet, kunt u slagroom vervangen, maar geen zure room, die zal schiften en breken bij hitte. En hoewel ik dol ben op zelfgemaakte speculaas ([>]), past dit recept het beste bij de winkel.

2 speculoos (LU Cinnamon Sugar Spice Biscuits of LU Bastogne)
1 kopje crème fraîche (zie hierboven)

Zout en versgemalen peper

4	Kipfilethelften zonder vel, zonder bot, bij voorkeur biologisch, zonder mals, op kamertemperatuur
1-2	eetlepels ongezouten boter of olijfolie

Gebruik een lang gekarteld mes en hak de koekjes ongelijkmatig zodat je wat cakepoeder, wat cakekruimels en wat cakestukjes hebt. Roer de koekjes door de crème fraîche en breng op smaak met zout en peper.

Dep de kipfilets droog en snijd ze overdwars in reepjes van ongeveer 2,5 cm breed.

Zet een grote koekenpan, bij voorkeur met anti-aanbaklaag, op middelhoog vuur en voeg 1 eetlepel boter of olie toe. Als het warm is, gooi de kipreepjes erdoor en bak, voeg indien nodig meer boter of olie toe, tot de kip aan alle kanten licht gekleurd en bijna gaar is, ongeveer 7 minuten.

Kruid de kip met peper en zout en voeg het cakebeslag toe aan de pan. Breng aan de kook en kook nog een minuut, al roerend, of tot de kip bedekt en gaar is. Kruid met peper en zout en serveer.

VOOR 4 PORTIES

PORTIE
Mijn favoriete bijgerecht is gestoomde citroenspinazie ([>]) vermengd met alleen zout en peper en eventueel wat versgeraspte nootmuskaat. Omdat het gerecht zoet en een beetje rijk is, is het leuk om iets heel basics als bijgerecht te hebben.

OPSLAG
Het gerecht is snel klaar en moet worden gegeten zodra het klaar is.

Curry kip, paprika en doperwtjes en papillote

IK KAN NIET ZELFS HET AANTAL KEER TELLEN dat ik dit gerecht heb gemaakt, maar elke keer als ik dat doe, heb ik dezelfde reactie: ik vraag me af hoe zoiets goeds en moois zo eenvoudig kan zijn. Het duurt ongeveer vijf minuten om het in elkaar te zetten en vereist absoluut geen aandacht terwijl het kookt, maar het komt vol van smaak, geurig, prachtig gekleurd en klaar uit de oven om op zichzelf of met wat witte rijst te worden geserveerd. Meestal gebruik ik anti-aanbakfolie om de kookpakketten te maken, maar als ik dit op een etentje serveer (denk niet dat het niet dinerwaardig is, alleen omdat het gemakkelijk is), maak ik de papillotes van perkamentpapier en neem de zakjes mee naar de tafel zodat elke gast het plezier kan hebben om de verpakking te openen en de eerste bedwelmende geur van aromatische stoom op te snuiven.

Een woord over het vermenigvuldigen van het recept: met alles dat in een papillote is bereid, is het gemakkelijk om het aantal porties te vergroten of te verkleinen. Maar als je ze vergroot, moet je niet alle pakketjes op een bakplaat leggen. Vier pakjes op een vel is het maximum; je moet ruimte laten voor warmtecirculatie en papillote-ademhaling.

- 2 grote kipfilethelften zonder vel, bij voorkeur biologisch, op kamertemperatuur
- 12 dun gesneden rode ui, gehalveerd
- ½ rode peper, ontpit, ontpit en in blokjes gesneden
- 1 kop erwten (vers of diepvries)
- 4 theelepels olijfolie
- 1 theelepel kerriepoeder

Zout en versgemalen peper

Centreer een rek in de oven en verwarm de oven voor op 400 graden F. Snijd vier 12-inch vierkanten van anti-aanbak aluminiumfolie. Houd een vel bakpapier bij de hand.

Snijd de kip in lange reepjes en snij de reepjes vervolgens kruislings doormidden. Doe de kip en alle andere ingrediënten in een kom, breng op smaak met peper en zout en roer tot de kerriepoeder een gelijkmatige kleur heeft op de kip en groenten. Giet een gelijke hoeveelheid van het mengsel in het midden van elk stuk folie. Trek de randen van de folie omhoog en sluit de pakketjes stevig, maar krimp de folie niet te dicht bij de kip - je wilt ruimte rond de ingrediënten zodat ze kunnen stomen. Leg de pakketjes op de bakplaat. (Je kunt de pakketjes tot 4 uur van tevoren samenstellen en in de koelkast zetten; bak nog een paar minuten.)

Bak de papillotes gedurende 17 tot 20 minuten, of tot de kip gaar is - maak voorzichtig een pakje open en snij in een stuk kip om te testen.

Serveer de pakketjes direct, zet ze direct uit de oven op tafel of maak ze open in de keuken en leg de kip en groenten op aparte borden.

VOOR 4 PORTIES

PORTIE
U kunt elk pakket op een bord of in een ondiep diep bord plaatsen en uw gasten aan tafel laten openen, of u kunt ze in de keuken openen en daar op borden leggen. Witte rijst lijkt de meest traditionele begeleiding (denk aan Cardamom Rice Pilaf,[>]), maar couscous of quinoa zijn ook erg lekker.

OPSLAG
Je kunt de pakketjes een paar uur van te voren samenstellen en in de koelkast bewaren; voeg gewoon een minuut of twee toe aan de kooktijd.

Kip B'stilla

B'STILLA (OF PASTILLA, ZOALS HET SOMS WORDT GESPELD) is een van de legendarische gerechten van Marokko en iets dat de Fransen eindeloos hebben aangepast om het hun eigen te maken. In wezen een bedekte taart gemaakt van doorschijnend dun bladerdeeg, het zoet gekruide gerecht wordt traditioneel gemaakt met duif, maar ik heb het in Parijs zien maken met parelhoen, kwartel, kip en zelfs vis. Deze versie heeft kip gekruid met gember, kaneel, koriander en saffraan; gebruikt filodeeg voor het deeg, wat perfect is voor de taart; en heeft, net als in Marokko, een beetje kaneelsuiker over de korst.

Het kost tijd om een b'stilla te maken - de kip moet vooraf worden gemarineerd en vervolgens gekookt, en de constructie is een beetje een ambacht - maar het gerecht is de moeite waard, vooral als je een feestje geeft. Afgezien van dat het klaar is (altijd een pluspunt), is het mooi en, omdat het bedoeld is om met je handen te worden gegeten, leuk om te eten. Eigenlijk is het ook bedoeld om aan het begin van een meergangenmenu te eten, maar niemand zal het je kwalijk nemen dat je mijn voorbeeld volgt en net als de tegenstander aan tafel zet.

WEES VOORBEREID: De kip moet een uur gemarineerd worden.

8	kippendijen, bij voorkeur biologisch, met vel
2	grote ui, grof gesneden
3	teentje knoflook, gespleten, zaad verwijderd en fijngehakt
¾	theelepel gemalen gember
¾	theelepel gemalen koriander
¾	theelepel gemalen kaneel
	Grote snuf saffraandraden
2½	kopjes kippenbouillon
	Zout
3	eetlepels vers citroensap
3	grote eieren
2	eetlepels honing
	Versgemalen peper
1	eetlepel gehakte verse koriander

1	eetlepel gehakte verse peterselie
8	vellen filodeeg (elk 9 × 14 inch)

Ongeveer 6 eetlepels ongezouten boter, gesmolten

3	ons gesneden amandelen (een klein kopje), geroosterd en gehakt

Kaneelsuiker, tot stof

Doe de kipstukjes, ui, knoflook en kruiden in een dutch oven of andere grote pan en roer alles goed door elkaar (ik doe dit met mijn handen). Dek af en laat de kip 1 uur marineren op kamertemperatuur. (Als het u beter uitkomt, kan de kip maximaal 1 dag in de koelkast worden gemarineerd.)

Voeg de kippenbouillon en 1 theelepel zout toe aan de pan en breng op hoog vuur aan de kook. Zet het vuur lager zodat de vloeistof suddert, dek de pan af en kook gedurende 1 uur, dan moet de kip van het bot vallen.

Gebruik een schuimspaan om de kip in een kom te doen. Zeef de bouillon en bewaar zowel het vocht als de ui. Als de kip koel genoeg is om te hanteren, verwijder je het vlees van de botten en snijd je het in blokjes of versnipperd.

Maak de braadpan schoon en giet de bouillon er weer in, of giet de bouillon in een middelgrote pan. Klop het citroensap erdoor, breng aan de kook en kook tot je ongeveer 1 dl vloeistof hebt. Zet het vuur laag.

Klop de eieren los met de honing en giet de bouillon erbij terwijl je blijft kloppen. Verwarm, onder voortdurend roeren, tot de saus zo dik is dat de garde sporen achterlaat, ca. 5 minuten. Neem de pan van het vuur en breng de saus op smaak met zout en peper.

Roer de kip en de gereserveerde ui door de saus, samen met koriander en peterselie.*(Je kunt de kip en saus tot 1 dag van tevoren maken en afgedekt en gekoeld bewaren.)*

Centreer een rek in de oven en verwarm de oven voor op 400 graden F. Bekleed een bakplaat met folie.

Leg de filovellen tussen vellen vetvrij papier en dek af met keukenpapier. Borstel een 9-inch ronde taartvorm, een die 2 inch hoog is, met gesmolten boter. Bestrijk 1 vel filodeeg met boter en centreer het in de pan, zodat het overschot over de randen hangt. Borstel een ander vel en druk het in de pan zodat het loodrecht op het eerste vel staat en een plusteken vormt. Leg een derde en vervolgens een vierde beboterde plaat in de pan zodat ze een X vormen; de overhang van alle vellen moet de randen van de pan bedekken.

Strooi de helft van de amandelen over het filodeeg. Doe de saucy chicken erin, verdeel het gelijkmatig over de pan en garneer met de rest van de amandelen. Vouw het overhangende filodeeg over de kip.

Beboter de resterende 4 vellen filodeeg, leg ze op elkaar op het werkvlak. Gebruik een potdeksel of de bodem van een taartvorm als richtlijn en knip een cirkel van 10 tot 11 inch uit. Centreer de cirkel over de taartvorm en stop de randen van het deeg voorzichtig in de pan, werk er omheen alsof je een bed opmaakt. Bestrijk de bovenkant van de b'stilla met een beetje boter en bestrooi met een beetje kaneelsuiker. Plaats de pan op de bakplaat.

Bak de b'stilla 20 minuten, verlaag dan de temperatuur tot 350 graden F en bak nog eens 20 minuten. Als de bovenkant op enig moment te bruin lijkt te worden, bedek hem dan losjes met folie. Stort de b'stilla op een rooster en laat ca. 5 minuten.

Leg een stuk bakpapier op een snijplank en houd een serveerbord bij de hand. Draai de b'stilla op de met bakpapier beklede tafel en draai hem dan om op de serveerschaal, zodat hij met de goede kant naar boven ligt. Serveer de b'stilla nu, snij in plakjes of serveer warm of op kamertemperatuur.

VOOR 6 PORTIES

PORTIE
B'stilla heeft geen begeleiding nodig.

OPSLAG
Je kunt de kip en saus tot een dag van tevoren maken en afgedekt en gekoeld bewaren tot je klaar bent om de b'stilla te maken; Maar als de b'stilla eenmaal gebakken is, is hij die dag het lekkerst. Als je nog wat

over hebt, dek af en zet in de koelkast; laat het op kamertemperatuur komen voordat je het serveert, of verwarm het opnieuw in een oven van 325 graden F - het deeg zal niet zo schilferig zijn, maar het gerecht zal nog steeds bevredigend zijn.

Olijf-olijf Cornish kippen

DIT IS EEN VAN DE GEMAKKELIJKSTE MANIEREN die ik ken om heel snel een echt goed diner te maken. Cornish-kippen zijn over het algemeen snelkookpannen, maar gekookt zoals ze hier zijn, gehalveerd en platgedrukt, is de tijd in de oven nog korter. De Fransen noemen dit preparaat een crapaudine, wat zich ruwweg vertaalt naar "als een pad", dat is waar de platte hennen, met hun poten gespreid en hun vleugels uitsteken, op lijken. Het is niet de meest smakelijke omschrijving voor een gerecht, ik weet het (het Britse woord voor de techniek, spatchcocked, klinkt niet aantrekkelijker), maar door de kippen op deze manier te snijden, wordt de kooktijd gehalveerd en krijg je rondom een krokant vel. .

Voor deze versie van poussin en crapaudine werk ik wat tapenade onder de huid van de kippen en masseer ze met olijfolie, een scheutje citroensap en slechts 30 minuten in de oven.

Afhankelijk van wat je nog meer op het menu hebt, is 1 kip geschikt voor 1 of 2 personen. Om 4 personen te serveren, snijdt u de gebraden kippen gewoon doormidden. Je kunt het recept ook verdubbelen.

2 **Cornish kippen, bij voorkeur biologisch, op kamertemperatuur**

Ongeveer 2 theelepels tapenade, zwart (mijn eerste keus) of groen, huisgemaakt ([>]) of gekocht in de winkel

Olijfolie

Vers citroensap

Zout en versgemalen peper

Schijfjes citroen, om te serveren

Centreer een rooster in de oven en verwarm de oven voor op 500 graden F. Olie een ondiepe braadpan of grillpan in. (Om het opruimen te vergemakkelijken, bekleedt u de pan met aluminiumfolie met anti-aanbaklaag en smeert u deze in.)

Werk met 1 kip tegelijk, gebruik een keukenschaar of een koksmes en knip langs beide zijden van de ruggengraat om deze te verwijderen. Gooi het bot weg (of leg het in de schroothoop voor bouillon) en leg de vogel met de borst naar boven op de snijplank. Plaats nu uw gewicht erin, druk de hiel van uw hand tegen het midden van het borstbeen van de hen, breek de poot en maak de vogel plat. Als het ruwe werk gedaan is, maakt u voorzichtig de huid los van het vlees, waarbij u het net genoeg scheidt om bij het borstvlees en het dikke deel van de dijen te komen. Gebruik je vingers om de helft van de tapenade onder de huid te werken – je hebt niet veel tapenade op één plek nodig; een beetje, wanneer verwarmd, gaat een lange weg.

Leg de kippen in de braadpan, met het vel naar boven, en wrijf het vel in met een beetje olijfolie. Sprenkel er wat citroensap over, breng op smaak met peper en zout en schuif de pan in de oven.

Braad de kippen ongestoord gedurende 25 tot 30 minuten, tot de schil diep goudbruin en krokant is en de sappen helder lopen als je in de dijen prikt.

Als u 4 serveert, snijdt u de vogels doormidden door langs het borstbeen te snijden. Serveer met partjes citroen en eventueel een scheutje olijfolie.

MAAKT 2 TOT 4 PORTIES

PORTIE
Ik serveer de vogels graag bijna au naturel: als de sappen van de pan niet aanbranden, kan ik er wat van over de kippen scheppen, maar meestal bevochtig ik de kippen met een paar druppels olijfolie en omring ze met partjes citroen. Een scheutje citroen is echt alles wat deze vogels nodig hebben.

OPSLAG
Eventuele restjes zijn de volgende dag goed te eten.

Met worst gevulde kippen uit Cornwall

ONZE GEMAKKELIJK VERKRIJGBARE CORNISH HENS ZIJN perfecte stand-ins voor de iets kleinere Franse poussins, of baby hennen. Het zijn geweldige kleine vogels om te koken op drukke doordeweekse avonden, want ze zijn lekker, veelzijdig en gaan in ongeveer 40 minuten in en uit de oven - en dat is met vulling (hier een eenvoudige mix van brood en worst). Terwijl een Franse kok dit gerecht misschien nog sneller kan maken omdat ze de kant-en-klare worstvulling bij de slager kan halen, is deze vulling nog steeds in een mum van tijd in elkaar gezet, wat slechts een paar minuten extra toevoegt aan je Amerikaanse keuken tijd.

Een opmerking over de portiegrootte: afhankelijk van wat er nog meer op het menu staat, is 1 kip geschikt voor 1 of 2 personen. Als u besluit om 2 kippen voor 4 te maken, braadt u de kippen en snijdt u ze langs de borst en ruggengraat doormidden. Je kunt het recept natuurlijk ook verdubbelen; gebruik dan twee pannen of een grotere braadpan.

2 Cornish-kippen, bij voorkeur biologisch (lever gereserveerd indien inbegrepen), op kamertemperatuur

Ongeveer 2 eetlepels olijfolie

Ongeveer 1½ eetlepel ongezouten boter, plus (optioneel) 1 eetlepel koude boter als je de saus maakt

1 teentje knoflook, gespleten, zaad verwijderd en fijngehakt
1 sjalot of ½ kleine ui, fijngehakt, afgespoeld en gedroogd
¼ pond worst, darmen verwijderd indien nodig (u kunt zoete of warme worst of een mix gebruiken)
½ oud brood snijden, korst verwijderd, in kleine blokjes snijden
1 groot ei, licht losgeklopt
2 eetlepels fijngehakte verse peterselie

Zout en versgemalen peper

½ kopje droge witte wijn (optioneel)

Centreer een rek in de oven en verwarm de oven voor op 425 graden F. Vet of olie een braadpan in (ik gebruik mijn oude gietijzeren pan) of een kleine koekenpan.

Als je het geluk hebt gehad om kippen met levers te krijgen, spoel en droog dan de levers, snij eventuele nerven en groene vlekken weg en hak ze grof.

Verhit 2 theelepels olie en ½ eetlepel boter in een middelgrote koekenpan op middelhoog vuur. Voeg de knoflook en sjalotten of uien toe en roer een minuut of zo. Voeg de levers toe, als je die hebt, en roer nog een minuut. Voeg de worst toe en kook 1 tot 2 minuten, waarbij u eventuele klonten losmaakt. Haal van het vuur en laat een paar minuten afkoelen, roer dan het brood, het losgeklopte ei en de peterselie erdoor; Kruid met peper en zout.

Zout en peper de binnenkant van de kippen en doe de vulling erin, zorg ervoor dat het niet te strak of te volledig verpakt is. Wrijf de kippen in met een paar theelepels olijfolie en een eetlepel boter en kruid ze rijkelijk met peper en zout.

Doe ze in de pan en schuif de pan in de oven - als je wilt, kun je de kippen koken volgens de side-side-back methode: leg ze op hun zij in de pan en kook ze 15 minuten, draai ze dan om de andere kanten en geef ze nog 15 minuten, en eindig door ze 10 minuten op hun rug te roosteren. Hoe je ze ook kookt, kook ze 40 minuten, of tot de sappen helder zijn wanneer je de dijen in het dikste deel prikt.

Als de kippen klaar zijn, laat ze dan een beetje rusten in de lucht: leg ze op een schaal, zet een kom aan het ene uiteinde van de schaal, draai de vogels met de borst naar beneden en laat de poten op de schaal rusten. Bedek ze lichtjes met een folietent en laat ze ongeveer 5 minuten zo staan, of terwijl je de saus maakt, als je dat wilt.

Voor panjus snij je een eetlepel koude boter in vieren. Giet het vet uit de pan (of oven) en zet de pan op middelhoog vuur. Als het heet is, giet je de wijn erbij en laat het borrelen tot het voor ongeveer de helft is ingekookt. Haal de pan van het vuur en wentel de stukken in koude boter. Controleer op zout en peper.

Serveer de kippen met de saus, als je die gemaakt hebt.

MAAKT 2 TOT 4 PORTIES

PORTIE
Als je de kippen gaat splitsen, snijd ze dan doormidden langs de borst en ruggengraat met een keukenschaar of een goed sterk mes en stop de helft van de vulling onder elke helft. Als je een pannensaus hebt gemaakt, giet je er gewoon een beetje van over elke portie.

OPSLAG
Als je wat over hebt, haal dan de vulling uit de kippen en bewaar deze samen met de vogel(s) afgedekt in de koelkast - het is een geweldig tussendoortje voor de volgende dag.

Eendenborst: de basis

Als je op mij lijkt, is aangebraden eendenborst niet het eerste waar je aan denkt als je aan fastfood denkt. Beschouw het als een andere culinaire truc die bewijst dat we geen Fransen zijn.

Voor ons wordt eend vaak gezien als een chic restaurantgerecht; voor de Fransen is het iets dat op een doordeweekse avond in minder dan 30 minuten kan worden geroosterd, gestoofd en geserveerd, wat verklaart waarom er zoveel gemakkelijke eendgerechten in de receptendoos van elke thuiskok staan.

In Frankrijk zou je een magret de canard kopen en die zou afkomstig zijn van een Moulard, een eend die een kruising is tussen een Muscovy en een Pekin (Long Island) eend. De hele Moulard wordt gebruikt: van de poten wordt gekonfijte eend gemaakt (een gerecht waarbij de poten in hun eigen vet worden gekookt en vervolgens in dat vet worden geconserveerd). De borst, die vaak een paar dagen wordt bewaard, wordt gewaardeerd om zijn donkere, smaakvolle vlees, soms vergeleken met dat van een malse biefstuk, maar ook om de dikke vetlaag die tijdens het koken ontstaat (de gekookte borst is eigenlijk vrij laag in calorieën) en bespaard omdat het zo goed is voor het braden van aardappelen.

Moulard-borsten vind je hier (zie Bronnen[>]), maar de meeste van onze markten bieden Barbarijse eenden, een zeer mager ras, of Pekins, een ander mager ras. Geen van hen is zo sappig als Moulard, maar ze zullen allemaal een heerlijk diner vormen. En een van de borsten, eenmaal verschroeid (zie[>]voor de eenvoudige techniek) en rust (een belangrijk onderdeel van het koken van eendenborst), zal een zoetzure afdronk hebben. Bijna altijd bevatten recepten voor magret de canard iets zuurs, meestal azijn, en iets zoets, vaak honing en even vaak fruit, of zowel honing als fruit. De combinaties zijn niet voor niets klassiek - ze vormen een perfect puntcontrapunt met de rijke vlezigheid van de eend.

Als je in een restaurant eendenborst krijgt, worden ze altijd in plakjes geserveerd - de borsten worden diagonaal gesneden in plakjes van ongeveer ½ inch dik - waarbij de plakjes elkaar net iets overlappen. Thuis wil je het misschien niet zo op aparte borden leggen, maar het is prima om de eend in plakjes te snijden, want diagonaal snijden maakt hem mals.

Een opmerking over de maat: Amerikaanse eendenborsten kunnen ca. 5 gram tot bijna 1 pond. De kleinere borsten zijn enkele porties, terwijl de grote royaal zijn maar geschikt voor 2 personen. Soms kook ik een extra borst zodat ik restjes heb, en als er nog plakjes over zijn, bewaar ik die natuurlijk. Het vlees kan in blokjes worden gesneden en aan linzen, witte bonen of aardappelen worden toegevoegd, terwijl je spek toevoegt; verwerkt in een salade; of gebruikt om een geweldige sandwich te maken.

20 Minuten Honing Geglazuurde Eendenborst

HIER IS WANNEER IK MIJN EEND ALS DAGELIJKSE VOEDSELONTDEKKING HAD: Op een zaterdag haastte ik me door de Rue des Carmes-markt, pakte een paar eendenborsten en kookte ze in minder dan 20 minuten, en ik dacht: "Ik kan nooit meer mijn toevlucht nemen tot pasta en kaas."

In dit gerecht worden de borsten in een pan dichtgeschroeid, even in folie gewikkeld en een minuutje opgewarmd in een mengsel van honing, balsamicoazijn, limoensap en wat eendenvet. Geserveerd met boerenbrood en een salade, die je kunt samenstellen terwijl de eenden rusten (en die je desgewenst met wat van het vet kunt gooien), heb je een maaltijd waar je blij van zou worden als het aan jou werd geserveerd bij je favoriete bistro. Maar tenzij die bistro naast de deur is, duurt het langer om er te komen dan om deze bevredigende maaltijd te koken.

  grote eendenborsten, bij voorkeur van een Moulard, of 4
2 kleine eendenborsten (ongeveer 2 pond totaal), op kamertemperatuur

  Zout en versgemalen peper

2 eetlepels balsamicoazijn
1 eetlepel honing

  Sap van 1 limoen

Verwarm de oven voor op 250 graden F.

Snijd met de punt van een scherp mes de eendenhuid kruiselings door, diep in de vetlaag, maar pas op dat u het vlees niet scheurt. Kruid beide kanten van de borsten met zout en peper.

Verhit een Nederlandse oven op middelhoog vuur. (Je kunt de borsten in een koekenpan bakken, maar een pan houdt de vetspatten beter vast. Een gietijzeren pan is perfect.) Zodra een paar druppels water in de pan zijn gestrooid, dansen en snel verdampen, plaats je de borsten in de pot met de huid naar beneden - blijf weg, want het vet zal spetteren. Laat 8 minuten koken, of tot de schil bruin en krokant is. Draai de stukken en kook nog 3 minuten voor zeer zeldzame borsten, die iets meer zullen garen terwijl ze in de oven rusten. Als u het vlees wat gaarder wilt hebben, laat u de borsten maximaal 2 minuten langer in de pan. (Nog langer koken en ze worden echt gaar, wat niet het beste is voor een eendenborst.)

Til de borsten uit de pot en op een stuk aluminiumfolie. Sluit de borsten losjes in de folie en plaats ze op een bakplaat in de oven gedurende 5 minuten om te rusten en gaar te worden. (Dit is een goed moment om een salade te maken.)

Giet bijna al het vet uit de pan (je zou nog maar een theelepel of twee in de pan moeten hebben) en plaats de pan op middelhoog vuur. Als het vet heet is, roer je de balsamico, honing en limoensap erdoor, evenals het eendensap dat zich in de folieverpakking heeft verzameld, en kook al roerend gedurende 1 minuut. Plaats de borsten terug in de pan en verwarm ze opnieuw, ongeveer 30 seconden aan elke kant.

Snijd de eend in plakjes en serveer besprenkeld met de saus.

VOOR 4 PORTIES

PORTIE
Leg de borsten op een snijplank en snij, werkend op de diagonaal, elke borst in plakjes van ½ inch dik. Schenk de saus erover en serveer direct. Ik serveer de eend meestal met alleen een salade – frisée of rucola – maar als je geen schema van 20 minuten hebt, zou het geweldig zijn om wat in bouillon geroosterde aardappelen toe te voegen ([>]) of een halve portie andijvie, appels en druiven ([>]) op elk bord.

OPSLAG
Als je eend over hebt, kan deze maximaal 2 dagen in de koelkast worden bewaard, goed verpakt; gebruik het in salades of sandwiches. In dunne reepjes gesneden, het voegt smaak, textuur en een vleugje hartigheid toe aan soepen.

Eendenborst met verse perziken

DE FRANS SCHIJNT HONDERD MANIEREN TE HEBBEN om een eendenborstsaus te maken, bijna allemaal zoet en hartig en fruitig en bijna allemaal erg lekker. Dit recept, dat ik kreeg van mijn eerste Franse vriendin, Anne Noblet, die het had aangevraagd bij de vriendin van haar broer Hervé, Françoise Maloberti, is heel zoet (honing en port), hartig (balsamicoazijn, witte wijnazijn en tijm) en fruitig (perzik) en is eigenlijk heel erg goed. Het is ook gemakkelijk en ziet er, net als de beste recepten voor eendenborst, chiquer en tijdrovender uit dan het is - altijd een handig trucje. Toen ik het recept kreeg, zei ik tegen mezelf dat ik het alleen midden in de zomer zou maken, wanneer de perziken op hun mooist zijn, en dat ik het recept aan het einde van het seizoen zou maken, een idee dat redelijk leek, verantwoord en culinair verantwoord. Maar ik vond de saus zo lekker dat ik het recept nooit heb opgeborgen; in plaats daarvan vond ik ander fruit en kruiden die ik gemakkelijk naar binnen kon glippen naarmate de seizoenen veranderden. Zie Bonne Idée voor enkele voorbeelden.

2	grote eendenborsten, bij voorkeur van een Moulard, of 4 kleine eendenborsten (ongeveer 2 pond totaal), op kamertemperatuur
	Zout en versgemalen peper
1	takje tijm
3	teentje knoflook, licht geplet, niet gepeld
4	rijpe maar nog stevige perziken, geschild, gehalveerd en ontpit
1	theelepel honing
2	eetlepels robijnrode port
2	eetlepels balsamicoazijn
2	eetlepels witte wijnazijn
1½	eetlepels koude ongezouten boter, in 4 stukken gesneden
	Verse tijmblaadjes, voor garnering (optioneel)

Verwarm de oven voor op 250 graden F.

    Snijd met de punt van een scherp mes de eendenhuid kriskras door, diep in de vetlaag, maar pas op dat u het vlees niet scheurt. Kruid de eendenborsten aan beide kanten met zout en peper.

Verhit een Nederlandse oven op middelhoog vuur. (Je kunt de borsten in een koekenpan bakken, maar een pan houdt de vetspatten beter vast. Een gietijzeren pan is perfect.) Zodra een paar druppels water in de pan zijn gestrooid, dansen en snel verdampen, plaats je de borsten in de pot met de huid naar beneden - blijf weg, want het vet zal spetteren. Laat 8 minuten koken, of tot de schil bruin en krokant is. Draai de stukken en kook nog 3 minuten voor zeer zeldzame borsten, die iets meer zullen garen terwijl ze in de oven rusten. Als u het vlees wat gaarder wilt hebben, laat u de borsten maximaal 2 minuten langer in de pan. (Nog langer koken en ze worden echt gaar, wat niet het beste is voor een eendenborst.)

Til de borsten uit de pot en op een stuk aluminiumfolie. Sluit de borsten losjes in de folie en leg ze 5 minuten in de oven op een bakplaat om te rusten en gaar te worden.

Giet op een kleine eetlepel na al het vet uit de pan en zet de pan op middelhoog vuur. Voeg het takje tijm en de knoflook toe, roer om met vet te bedekken en voeg dan de perziken toe. Zet het vuur laag en kook de perziken zachtjes gedurende ongeveer 5 minuten, of tot ze goudbruin zijn. Leg de perziken op een bord en houd ze warm (eventueel in de oven); gooi tijm en knoflook weg.

Giet het overgebleven vet uit de pan en zet de pan op laag vuur. Voeg de honing toe en kook tot het gesmolten is, ongeveer een minuut. Schenk de portwijn en azijn erbij en breng aan de kook. Breng op smaak met zout en peper, zet het vuur lager en roer de boter beetje bij beetje krachtig met een garde erdoor tot een gladde saus.

Open het foliepakket en giet de sappen die zich rond de eendenborst hebben verzameld in de saus, klop om ze op te nemen. Duw de eendenborsten in de pan en draai ze rond in de saus, ongeveer 30 seconden aan elke kant, om ze weer op te warmen.

Snijd de eend in plakjes en serveer met saus en perziken, eventueel bestrooid met tijm.

VOOR 4 PORTIES

PORTIE
Snijd elke eendenborst diagonaal in plakjes van ongeveer ½ inch dik. Spreid de stukken uit op een serveerschaal, giet de saus erover en leg de perzikhelften rond het vlees. Bestrooi de eend en perziken eventueel met tijmblaadjes en serveer direct.

OPSLAG
Het gerecht is snel en dient à la minute bereid te worden. Als je er echter een voorsprong op wilt hebben, kun je de saus tot een dag van tevoren maken, in een afgedekt bakje gieten en in de koelkast bewaren tot het opdienen, wanneer je hem weer in de pot kunt opwarmen. Als je een restje eend hebt, wikkel het dan stevig in en bewaar het in de koelkast - het is geweldig in salades en sandwiches (gebruik het zoals je overgebleven rundvlees zou gebruiken).

GOED IDEE
Zonder de hoofdingrediënten in het recept te veranderen, kun je met dit gerecht door de seizoenen heen door te variëren met het fruit. Vervang perziken in het vroege najaar door perziken; gebruik later in de herfst kleine peren (zoals Seckel-peren - zorg er alleen voor dat ze gaar zijn) of plakjes stevige Fuyu-kaki. In de winter zijn gedroogde vruchten zoals pruimen, vijgen of abrikozen prima, zolang ze maar heel zacht zijn - misschien wilt u ze kort stomen als ze in het begin moeilijk zijn. En aan het einde van de lente kun je frambozen gebruiken. Kies je voor bessen, overweeg dan om de witte wijnazijn te vervangen door bessenazijn.

In de Pan Geschroeide Eendenborst Met Kumquats

DUCK A L'ORANGE, EEN EEND GEROOSTERD met sinaasappels, is een van de grote klassiekers van de traditionele Franse keuken. In de jaren 50 en 60 was het een van de normen waaraan serieuze thuiskoks in Amerika zich meten, maar tegenwoordig wordt het bijna nooit thuis in Frankrijk of de Verenigde Staten gemaakt en zelden in restaurants gevonden.

Het gerecht, dat ontmoedigend was - je had te maken met een hele eend en veel vet - heeft misschien zijn aantrekkingskracht verloren, maar de combinatie van eend en sinaasappel is te mooi om te laten liggen, dus hier is een meer hanteerbare versie. Deze vertolking levert zowel de eend als de sinaasappel, maar het heeft alleen de vlezige borst en versterkt de citrussmaak door kumquat te gebruiken, de kleinere, meer exotische en zuurdere neef van de sinaasappel. Het is een geweldige toevoeging aan de saus, die is gemaakt van wijn, azijn, bouillon en gekraakte kruiden.

Voor extra haalbaarheid kunnen de kumquats worden geglaceerd en de saus een paar dagen van tevoren worden gemaakt.

VOOR KUMQUATS

- 1 glas water
- ½ kopje suiker
- 12 kumquats, elk kruiselings in 4 plakjes gesneden en gezaaid

VOOR DE SAUS

- 1½ kopjes rode wijn (een fruitige wijn is hier lekker)
- 3 eetlepels balsamicoazijn
- 3 kleine sjalot, grof gehakt
- 15 zwarte peperkorrels, geplet
- 8 korianderzaadjes, gekneusd
- ¾ kopje verse jus d'orange
- 2 kopjes kippenbouillon
- 3 eetlepels kumquatsiroop (van kookkumquats)

Zout en versgemalen peper

VOOR DE EENDENBORSTEN

2 grote eendenborsten, bij voorkeur van een Moulard, of 4 kleine eendenborsten (ongeveer 2 pond totaal), op kamertemperatuur

Zout en versgemalen peper

Gemalen zwarte peper, voor garnering

KUMQUATS MAKEN: Breng het water en de suiker aan de kook in een kleine steelpan en roer om ervoor te zorgen dat de suiker oplost. Voeg de kumquats toe, zet het vuur lager zodat de siroop zachtjes kookt en kook ongeveer 10 minuten, of tot de kumquats zacht en glazig zijn. Zet opzij om af te koelen. (Kumquats kunnen tot 5 dagen van tevoren worden gemaakt en in een afgesloten bakje in de koelkast worden bewaard; op kamertemperatuur brengen voor gebruik.)

DE SAUS MAKEN: Doe de wijn, balsamicoazijn, sjalotten, peperkorrels en koriander in een middelgrote pan, breng op hoog vuur aan de kook en kook tot het vocht voor de helft is ingekookt. Voeg het sinaasappelsap toe, breng het mengsel aan de kook en kook 5 minuten. Voeg de kippenbouillon toe, breng aan de kook en laat inkoken tot ca. 2 kopjes vloeistof. Zeef de saus en zet opzij terwijl je de eendenborsten klaarmaakt. (Je kunt de saus maximaal 2 dagen afdekken en in de koelkast bewaren.)

OM DE EEND TE MAKEN: Verwarm de oven voor op 250 graden F.

Snijd met de punt van een scherp mes de eendenhuid kriskras door, diep in de vetlaag, maar pas op dat u het vlees niet scheurt. Kruid de eendenborsten aan beide kanten met zout en peper.

Verhit een Nederlandse oven op middelhoog vuur. (Je kunt de borsten in een koekenpan koken, maar een pan houdt de vetspatten beter vast. Een gietijzeren pan is perfect.) Als een paar druppels water in de pan worden gestrooid, dansen en snel verdampen, plaats je de borsten in de pot met de huid naar beneden - blijf weg, want het vet zal spetteren. Laat 8 minuten koken, of tot de schil bruin en krokant is. Draai de stukken om en bak nog 3 minuten aan de vleeskant voor zeer zeldzame borsten, die iets meer garen terwijl ze in de oven rusten. Als u het vlees wat gaarder wilt hebben, laat u de borsten maximaal 2 minuten langer in de pan. (Nog langer koken en ze worden echt gaar, wat niet het beste is voor een eendenborst.)

Til de borsten uit de pot en op een stuk aluminiumfolie. Sluit de borsten losjes in de folie en leg ze 5 minuten in de oven op een bakplaat om te rusten en gaar te worden.

Giet op een eetlepel na al het vet uit de pan en plaats de pan op middelhoog vuur. Voeg de saus toe en breng aan de kook, roer dan 3 el kumquatsiroop erdoor. Open de folieverpakking en giet de sappen die zich rond de eendenborst hebben verzameld in de pot. Breng de saus weer aan de kook; smaak voor zout en peper. Doe de borsten terug in de pan en draai ze rond in de saus om ze opnieuw op te warmen, ongeveer 30 seconden aan elke kant.

Snijd de eend in plakjes en serveer met de saus en gekonfijte kumquats; garneer de eend met gemalen peper.

VOOR 4 PORTIES

PORTIE
Snijd elke eendenborst diagonaal in plakjes van ongeveer ½ inch dik. Spreid de plakjes uit op afzonderlijke borden, giet een beetje saus over elke borst, strooi de gekonfijte kumquats erover en bestrooi elke borst met een beetje gebarsten zwarte peper. Serveer onmiddellijk.

OPSLAG
De kumquats en saus kun je de komende dagen maken. Als je een restje eend hebt, wikkel het dan stevig in en bewaar het in de koelkast - het is geweldig in salades en sandwiches (gebruik het zoals je overgebleven rundvlees zou gebruiken).

RUNDVLEES, KALF, VARKENSVLEES EN LAM

Rund-, kalfs-, varkens- en lamsvlees

OS EN KALF
Bistro Paul Bert Peperbiefstuk[>]
Café Salle Pleyel Hamburger[>]
Mijn go-to Beef Daube[>]
Beef Cheek Daube met wortelen en elleboogmacaroni[>]
Boeuf à la Ficelle (rundvlees aan een touwtje)[>]
Boeuf à la Mode*(ook bekend als Great Pot Roast)*[>]
Shortribs in rode wijn en portwijn[>]
Hachis Parmentier[>]
Biefstuksalade de volgende dag[>]
Stoofpotje van lentegroen kalfsvlees[>]
Kalfsvlees Marengo[>]
Kalfskoteletten met rozemarijnboter[>]
Osso Buco à l'Arman[>]

VARKENSVLEES

Verse sinaasappel Varkenshaas[>]
Kokos-citroengras-geroosterd varkensvlees[>]
Met snijbiet gevuld gebraden varkensvlees[>]
Geroosterd varkensvlees met mango en lychee[>]
Cola en jam Spareribs[>]

LAM
Navarin Printanier[>]
Gestoofd lamsvlees met kardemom-curry[>]
Tajine van lam en gedroogde abrikoos[>]

Bistro Paul Bert Peperbiefstuk

BISTROT PAUL BERT IS EEN VAN MIJN FAVORIETE familierestaurants in Parijs. Het heeft precies de juiste buzz en precies de juiste drukte, en het ziet eruit alsof het uit ieders droom is gehaald van hoe de perfecte Franse bistro eruit zou moeten zien - er zijn roodleren banken en een grote houten bar met een zinken werkblad en een wijnkaart die zou jaloers zijn op veel, veel grotere restaurants. Het belangrijkste is dat het eten goed is. De eigenaar, Bertrand Auboyneau, en zijn vrouw, wiens familie derde generatie oesterkwekers uit Bretagne zijn, zoeken kleine boeren en producenten op, kennen al hun leveranciers, houden van alles wat ze serveren en schrikken er niet voor terug om hun mening te geven over wat eten en drinken, en hoe. Terwijl het menu op het bord dagelijks verandert, verandert de slogan niet: Ici les viandes sont servies bleues, saignantes, du malcuites. Vertalen: We serveren vleesblauw [nauwelijks warm in het midden], rood of onvoldoende gaar! Dat betekent niet dat je bij Paul Bert geen goed doorbakken biefstuk kunt krijgen; het betekent gewoon dat het met een houding komt.

Maar als u van biefstuk houdt (gekookt tot op elke graad van gaarheid), zult u genieten van de manier waarop Bistrot pepersteak serveert. Bertrand gebruikt een filet of ossenhaas (hoewel de kookmethode en heerlijke saus ook bij andere stukken vlees werkt - ik gebruik het vaak bij een niet al te dikke entrecote), strooit er gebarsten peper over, bakt het in de pan en maakt een snelle saus van cognac en room. Toen hij me het recept gaf, schreef hij dat de room dik moest zijn en dat "hij van de dichtstbijzijnde boerderij moest komen". En de crème van Bertrand komt echt van een boerderij net buiten Parijs.

Ongeveer 1 eetlepel zwarte peperkorrels, bij voorkeur Sarawakpeper (dat gebruikt Paul Bert; zie Bronnen[>]), of een mengsel van peperkorrels
4 filet mignons, 1 tot 1½ inch dik, op kamertemperatuur
1 eetlepel milde olie (zoals druivenpit of canola)
½ eetlepel ongezouten boter
¼ kopje brandewijn of andere brandewijn (plus een scheutje meer indien gewenst)
½ kopje zware room

Zout

De peperkorrels moeten grof worden gekraakt, een klus die met een vijzel snel en gemakkelijk geklaard is. Als je het niet hebt, leg de peperkorrels dan in een theedoek zodat ze niet rondvliegen en geef ze een paar klappen met de bodem van een zware braadpan of de hiel of achterkant van een mes. Strooi wat peperkorrels aan beide kanten van elke steak en gebruik de palm van je hand om ze in het vlees te drukken.

Zet een pan met dikke bodem op hoog vuur – ik gebruik een gietijzeren pan – en voeg de olie en boter toe. Zodra de boter is gesmolten, voeg je de steaks toe en kook je ze 2 tot 3 minuten voor zeldzame steaks, of een minuut of zo langer als je van meer doorbakken steak houdt. Draai ze om en laat ze nog 2 tot 3 minuten in de pan liggen, leg ze dan op een warm bord en dek ze losjes af met een folietent.

Giet al het vet in de pan af en laat alle stukjes rundvlees die aan de bodem zijn blijven plakken achter; laat de pan een minuut of zo afkoelen. Nu moet je een beslissing nemen: de brandewijn verbranden of gewoon laten inkoken. Als je besluit om het te verbranden, giet het dan in de pan, doe een stap achteruit en doe een lucifer bij de brandewijn. Roer als de vlammen zijn gedoofd om de stukken vlees in de pan los te schrapen. Als je alleen de brandewijn wilt koken, zet de pan dan op middelhoog vuur, giet de brandewijn erin en kook tot deze bijna is verdampt; schraap de stukjes rundvlees die aan de pan zijn blijven plakken los.

Als je de cognac hebt ingekookt, zet je het vuur lager en voeg je de room toe. Draai de pan rond en laat de room 2 tot 3 minuten zachtjes bubbelen. Nu zegt Bertrand: "Zout voorzichtig, en dat is alles!" En dat kan zijn, maar als je gewoon een iets sterkere smaak van cognac wilt, voeg dan nog 1 theelepel toe als je de pan van het vuur haalt.

Giet de saus over de steaks en serveer direct.

VOOR 4 PORTIES

PORTIE
Leg de steaks op warme borden, giet de saus erover en ga aan tafel. Bij Bistrot Paul Bert komt de steak met frietjes (zie kader), altijd een goed idee, maar ook de Zoute-Zoete Aardappel Far ([>]), Knolselderpuree ([>]), eenvoudige bouillon gebakken aardappelen ([>]), of iets gestoomd en groen.

OPSLAG
Geen vooruitstrevende dingen hier, en meestal ook geen restjes.

GOED IDEE
Bistrot Paul Bert's Steak à la Bourguignonne. Biefstuk in rode wijnsaus met knoflook en sjalotten is een bistroklassieker, zeker als het vlees een stripsteak is, een gespierde snit met een volle smaak die het best rare gekookt wordt. Deze techniek en saus is ook lekker bij rib-eye of beenloze New Yorkse stripsteak en filet mignon. Kruid de steaks met zout en peper (bestrooi ze niet met gebarsten peper) en bak ze op dezelfde manier als de pepersteak. Nadat je het vet hebt afgetapt en de pan hebt afgekoeld, gooi je er 1 eetlepel ongezouten boter door. Zet de pan op middelhoog vuur en voeg als de boter smelt 1 tot 2 fijngehakte teentjes knoflook en 1 tot 2 fijngehakte sjalotten toe (dit is een kwestie van smaak) en kook tot ze zacht zijn, ca. 3 minuten. Giet ⅔ kopje droge rode wijn erbij, zet het vuur hoger en laat de wijn koken tot hij voor de helft is ingekookt. Als zich tijdens het rusten sappen rond de steaks hebben verzameld, giet deze dan in de saus. Als je wilt, als je de pan van het vuur haalt, roer je er 1 eetlepel koude boter door, in stukjes gesneden. Giet de saus over de biefstuk.

lees frietjes

Het vriendelijkste dat ik kan zeggen over mijn relatie met zelfgemaakte friet, is dat het ingewikkeld is. Toen ik dertien was en de keuken van mijn ouders afbrandde, had ik geprobeerd frietjes te maken. En toen ik met Franse chef-koks begon te koken, elke keer als ik vroeg naar het beste recept voor frites, leek het hele proces zo ingewikkeld dat mijn ogen glazig werden nog voordat de eerste aardappel was geschild. Maar toen stuurde Bertrand Auboyneau van Bistrot Paul Bert me zijn recept voor biefstuk en friet, en alles werd onthuld.

"Om goede friet te maken," schreef hij, "zijn er twee geheimen: kies de goede soort aardappelen en laat ze nooit in het water staan."

Voor de meesten van ons in Amerika is "de goede soort aardappelen" Idaho (Russisch). Je kunt Yukon Golds of zelfs zoete aardappelen bakken, maar Idaho-aardappelen komen het dichtst in de buurt van frites.

Wat betreft ze in het water laten zitten - niet doen! Schil de aardappelen tegen de kooktijd en droog ze af. Spoel ze af als je wilt, maar zorg ervoor dat ze helemaal droog zijn voor de jongen

Nu over die jongen. . . Bertrand noemde zijn frituurmethode in twee stappen geen geheim, omdat het wordt beschouwd als de standaardprocedure bij topfriteuses.

In de eerste stap worden de aardappelen gebakken in olie bij een relatief lage temperatuur, 325 graden F, zodat ze bijna volledig gaar zijn (ze zouden het aardappelequivalent van al dente pasta moeten zijn), maar niet gekleurd - met andere woorden, ze worden geblancheerd in de olie. Blancheer de aardappelen, laat ze goed uitlekken en laat ze afkoelen. Je kunt dit doen tot een paar uur voordat je klaar bent om ze de laatste keer te bakken.

De tweede stap moet op het moment van serveren worden gedaan: verwarm de olie tot 375 graden F en bak de (droge) geblancheerde aardappelen tot ze gaar, mooi bruin en krokant zijn.

"Daarna," schreef Bertrand, "leg ze in een kom met papier om ze te drogen, voeg zout toe en serveer."

En hier zijn mijn twee centen: 1) Zorg ervoor dat je een soort olie gebruikt die bestand is tegen de hitte van het frituren: pinda- of koolzaadolie zal goed werken; en 2) Zet de pan niet te vol - kook in kleine porties zodat de temperatuur van de olie zo constant mogelijk blijft.

Voila! Het is niet echt een recept, ik weet het, maar volg het en je friet zal geweldig zijn.

Café Salle Pleyel Hamburger

TOEN MIJN VRIEND HÉLÈNE SAMUEL, die het prachtige café in de onlangs gerenoveerde concertzaal Salle Pleyel in Parijs had opgericht, besloot een hamburger op het menu te zetten, dacht ze daar lang over na. Ze wist dat ze met een Amerikaans icoon speelde, en ze wilde het eren, maar ze wilde het ook begrijpelijk en aantrekkelijk maken voor haar Franse diners, die bijna allemaal, als ze het woord hamburger hoorden, zouden denken: "McDonald's. "Uiteindelijk bedachten zij en haar chef-kok voor dat openingsjaar, Sonia Ezgulian, een hamburger waar elke roodbloedige Amerikaan graag voor zou willen gaan zitten en elke Franse fijnproever zou willen claimen voor hun land. Het heeft sesamzaadbroodjes en dille-augurken, maar het heeft ook een zeer Franse kruidenmix: kappertjes, cornichons, dragon en zongedroogde tomaten (wie heeft er ketchup nodig?); een marmelade van rode ui; En, voor de Amerikaanse kaas, een paar schaafsel Parmezaanse kaas - noch Frans noch Amerikaans, maar perfect bij biefstuk. Thuis serveer ik de burger vaak met mijn eigen snel ingemaakte komkommers ([>]).

Het duurde niet lang voordat de burger de bestseller en medialieveling van het café werd. Hélène was een rage begonnen die zo wijdverbreid was dat het eindigde als een pagina-één-achtig verhaal in de New York Times, en een van Hélène's opmerkingen werd gekozen als het 'Citaat van de dag' van de krant. Op de vraag waarom de hamburger zo populair was in Parijs, zei ze: "Het heeft de smaak van het verbodene, het illegale - het subversieve zelfs." Ze had net zo goed kunnen zeggen "omdat het zo lekker is", maar het zou lang niet zo citeerbaar zijn geweest.

VOOR DE UI SALADE

1 middelgrote rode ui, fijngehakt
1 glas water
1 theelepel gemalen koriander
1 eetlepel ongezouten boter

Zout en versgemalen peper

VOOR DE BURGERS

	Ongeveer ⅓ kopje met olie verpakte zongedroogde tomaten, uitgelekt en grof gehakt of in plakjes
¼	kopje uitgelekte kappertjes
6	cornichons
¼	kopje verse dragonblaadjes
½	kopje verse peterselieblaadjes
1½	pond rundergehakt, bij voorkeur entrecote, of een mengsel van entrecote en chuck, op kamertemperatuur

Zout en versgemalen peper

1	eetlepel druivenpitolie of arachideolie
2	ons parmezaanse kaas, in linten gesneden met een dunschiller (om ongeveer ½ kopje te maken)

VOOR SERVEREN

4	sesamzaad hamburgerbroodjes, geroosterd
2	dille augurken, in de lengte in linten gesneden met een dunschiller

Ketchup (zeer optioneel)

DE UI MALADEN MAKEN: Roer in een kleine steelpan de ui en het water door elkaar. Voeg koriander en boter toe, breng op smaak met peper en zout en breng aan de kook. Zet het vuur laag tot medium-laag en laat, onder regelmatig roeren, ongeveer 20 minuten sudderen, of tot het mengsel zacht en jamachtig is; je hebt ongeveer ⅓ kopje marmelade. Schraap de marmelade in een kom, dek af met plastic en zet opzij. (Je kunt de marmelade tot 2 dagen van tevoren maken en goed afgedekt in de koelkast bewaren; voor gebruik op kamertemperatuur laten komen.)

MAAK DE BURGERS: Gebruik een mini-keukenmachine en pulsknop om tomaten, kappertjes, cornichons, dragon en peterselie te hakken. (Of hak de ingrediënten met de hand fijn, met een groot koksmes.) Leg de biefstuk in een grote kom, schraap het tomatenmengsel erover en breng op smaak met zout en peper (er mag genoeg zout van de kappertjes en cornichons zijn). Meng alles met je handen lichtjes door elkaar en vorm van het mengsel 4 pasteitjes van ongeveer ¾ inch dik.

Kies een grote koekenpan met zware bodem (gietijzer is hier geweldig), giet de olie erin en zet hem op middelhoog vuur. Als de olie echt heet is, doe je de hamburgers erin. (Je kunt ze ook in een grillpan of op een grill bakken - doe dat, en je hebt de olie niet nodig.) Bak de hamburgers 2 minuten per kant als je ze rood wilt (de Franse voorkeur), 3 minuten als je ze medium rood wilt. Je kunt ze langer koken als je je hamburgers zo lekker vindt, maar er zit niet veel vet in deze hamburgers, dus ze kunnen een beetje droog worden als je verder gaat dan medium-rare. Leg ze op een bord en bedek ze onmiddellijk met kaas.

Besmeer de bodem van de broodjes met een beetje uienmarmelade en verdeel de dilleconfituur erover. Leg de burgers op de augurken en sluit de sandwiches. Serveer met ketchup.

VOOR 4 PORTIES

PORTIE
In Café Salle Pleyel werd Heinz-ketchup bij de hamburgers geserveerd, maar alleen op verzoek, en wat bleek, slechts zelden - met uienjam, augurken en goede smaken hadden de hamburgers niet veel meer nodig.

OPSLAG
Je kunt de uienmarmelade een paar dagen van tevoren maken en afgedekt en gekoeld bewaren; idem het mengsel van zongedroogde tomaten.

Mijn go-to Beef Daube

WE HEBBEN ALLEMAAL EEN GEWELDIGE BUCKET CONTROLE NODIG in onze achterzak, en dit is de mijne. Het is vrij klassiek in zijn bereiding - het vlees wordt bruin gemaakt, vervolgens in een stevige pot gedaan en langzaam gestoofd met veel rode wijn, een scheutje cognac en wat uien, knoflook, wortelen en een klein boeket kruiden om het gezelschap te houden. Het is lepelzacht, door en door zoet en wijnachtig, en heeft de kleur van de garderobe van overgrootmoeder opgepoetst.

Ik noem dit gerecht een daube, wat betekent dat het een stoofpot is gekookt in wijn en ook betekent dat het gemaakt is in een daubière, of diepe pan, in mijn geval een geëmailleerde gietijzeren braadpan. Een Franse vriend had echter bezwaar tegen de naam, met het argument dat wat ik maak, hoewel très délicieux, geen daube is maar boeuf aux carottes, oftewel rundvlees en wortelen. Ze heeft geen ongelijk, maar ik blijf koppig bij daube omdat het me speelruimte geeft.

Mijn eerste keuze voor deze stoofpot is chuck, die ik in zijn geheel koop en zelf in blokjes van 2 tot 3 inch snijd. Aangezien het vlees zacht moet koken en zachter moet worden, is het goed om grotere stukken te hebben – groter dan de stukken die gewoonlijk worden gesneden voor stoofschotels – die hun vorm beter behouden. (Als je een slager hebt, kun je vragen om het vlees in de winkel te laten snijden.) Mijn favoriete cadeaus zijn aardappelpuree ([>]), puree van knolselderij ([>]), of spätzle ([>]).

Als u een hoeveelheid serveert, kunt u het recept zeker verdubbelen, maar als de hoeveelheid groter is dan een dozijn, raad ik u aan de leem over twee potten te verdelen of in een grote braadpan te doen en een beetje te roeren. keren terwijl het in de oven staat.

WEES VOORBEREID: Zie Opslag voor meer informatie over hoe u dit verder kunt doen - een goed idee.

4 plakjes dik gesneden spek, kruislings gesneden in stukjes van 1 inch breed

1	3½ pond beef chuck gebraden, vet en eventuele pezen verwijderd, in blokjes van 2 tot 3 inch gesneden
2	eetlepels milde olie (zoals druivenpit of canola)
	Zout en versgemalen peper
2	gele ui of 1 Spaanse ui, in kwarten en dun gesneden
6	sjalotten, dun gesneden
1	bol knoflook, horizontaal gehalveerd, alleen losse papierachtige schil verwijderd
1½	pond wortelen, bijgesneden, geschild, kruislings gehalveerd en in de lengte gehalveerd of in vieren gesneden, afhankelijk van de dikte
½	pond pastinaken, bijgesneden, geschild, kruislings gehalveerd en in de lengte in vieren gesneden (optioneel)
¼	kopje cognac of andere cognac
1	750 ml fles fruitige rode wijn (ik weet dat dit heiligschennend klinkt, maar een Central Coast Syrah is hier geweldig)
	Een bouquet garni – 2 takjes tijm, 2 takjes peterselie, 1 takje rozemarijn en de blaadjes van 1 stengel bleekselderij, samengebonden in een vochtig stuk kaasdoek

Centreer een rek in de oven en verwarm de oven voor op 350 graden F.

Zet een Nederlandse oven op middelhoog vuur en gooi het spek erin. Kook al roerend tot het spek bruin is en doe het dan in een kom.

Droog het vlees tussen vellen keukenpapier. Voeg 1 eetlepel olie toe aan het spekvet in de pan en verwarm het op middelhoog vuur, bak de biefstuk dan in porties aan alle kanten bruin. Zet de pan niet te vol - als u te veel stukken tegelijk probeert te koken, stoomt u het vlees in plaats van het bruin te maken - en zorg ervoor dat elk stuk een goede kleur krijgt. Doe het gebruinde vlees in de kom met het spek en breng op smaak met zout en peper.

Giet de olie in de pan (verwijder geen bruine stukjes die aan de bodem vastzitten), voeg de resterende eetlepel olie toe en verwarm op middelhoog vuur. Voeg de ui en sjalot toe, breng op smaak met zout en peper en kook, al roerend, tot de ui zacht is, ca. 8 minuten. Doe de knoflook, wortels en pastinaak erin, als je die gebruikt, en meng alle ingrediënten met een beetje olie. Giet de cognac erbij, zet het vuur hoger en roer goed om alles los te maken dat aan de bodem van de pan zou kunnen kleven. Laat de cognac een minuutje koken, doe de biefstuk en spek terug in de pan, giet de wijn erbij en roer het bouquet garni erdoor. Roer alles nogmaals goed door.

Als de wijn kookt, bedek de pot dan goed met een stuk aluminiumfolie en het deksel. Schuif de leem in de oven en laat 1 uur ongestoord roosteren.

Haal de pan uit de oven, verwijder het deksel en de folie en roer alles een keer door elkaar. Als het erop lijkt dat de vloeistof veel vermindert (onwaarschijnlijk), voeg dan net genoeg water toe om de ingrediënten te bedekken. Dek de pan weer af met folie en deksel, zet hem terug in de oven en bak nog 1½ uur (totale tijd is 2½ uur). Op dit punt moet het vlees gaar zijn - als dat niet het geval is, laat het dan nog ongeveer 30 minuten in de oven staan.

Proef de saus. Als je het wat meer geconcentreerd wilt hebben (meestal vind ik het prima zoals het is), giet het dan in een pan, zet het op hoog vuur en kook het in tot het precies is zoals jij het lekker vindt. Als de saus aan uw goedkeuring voldoet, proef dan naar zout en peper. (Als je de saus gaat inkoken, pas dan op dat je hem pas zoutt als hij ingekookt is.) Vis het bouquet garni en de knoflook eruit en schep het oppervlaktevet eraf met een grote opscheplepel.

Serveer biefstuk en groenten bevochtigd met de saus.

VOOR 6 PORTIES

PORTIE
Ik gebruik graag ondiepe soepborden of kleine gietijzeren cocottes voor deze pan. Giet de klodder in de kleine potten en laat elke gast erin graven.

OPSLAG
Zoals alle stoofschotels kan dit ongeveer 3 dagen in de koelkast worden bewaard of tot 2 maanden worden ingevroren. Als je de leem van tevoren klaarmaakt, laat de saus dan niet inkoken, maar laat de leem afkoelen en zet hem in de koelkast. Haal dan bij het serveren het vet eraf (een gemakkelijke klus als de leem gekoeld is), laat de saus inkoken en breng hem nog een laatste keer op smaak.

MY GO-TO BEEF DAUBE [PAGE 144]

Beef Cheek Daube met wortelen en elleboogmacaroni

Ik was al jaren dol op STEAK WANGEN BIJ RESTAURANTS voordat ik er een paar kocht en ze voor mezelf maakte. Waarom was ik zo verrast om te ontdekken dat ze echt groot waren? Ik moet door de schattigheid van hun naam zijn verleid om ze als kleine vleessoesjes te beschouwen. Pas toen ik ze uit de markttas haalde en op de snijplank legde, dacht ik: natuurlijk zijn ze groot - koeien zijn groot! En de smaak van hun wangen is zo groot als hun grootte. Dit is stevig, rijk, rustiek eten van de eerste orde, hoewel sommige nogal chique chef-koks in zowel Frankrijk als Amerika het de status van favoriet ingrediënt hebben gegeven.

    Een van die chef-koks is Yves Camdeborde, de met een Michelinster bekroonde Parijse chef-kok die werd gecrediteerd voor het starten van de neo-bistro-rage. (In neo-bistro's ziet het er informeel uit, zijn de prijzen laag en het eten is van even hoge kwaliteit en net zo fijn bereid als in de luxe restaurants waar alle neo-bistro-koks oorspronkelijk kookten.) Camdeborde, wiens Le Comptoir Het is bekend dat Bistro al maanden van tevoren volgeboekt is en deze rosbiefwangen staan het hele jaar door op zijn menu – ze zijn zo geliefd dat hij ze zelfs in hartje zomer onmogelijk kan krabben.

    De daube van Camdeborde heeft twee leuke toevoegingen: chocolade en macaroni. Aan het einde wordt de chocolade erdoor geroerd, en het is niet zozeer een verrassing als wel een mysterie – de smaak is niet gemakkelijk op te pikken; De macaroni is precies goed en lichter dan de meer verwachte aardappelen.

    Als je geen runderwangen kunt vinden - dat is niet gemakkelijk, aangezien elke koe er maar twee heeft en je voor ze concurreert met de chef-koks in je buurt - koop dan een stuk braadstuk, verwijder eventuele grote klonten vet en snijd het vlees in vieren.

    runderwangen (ongeveer 1 pond per stuk) of 2 pond
2 rundvlees zonder been gebraden vlees, overtollig vet verwijderd

3 eetlepels druivenpitolie of arachideolie

Zout en versgemalen peper

¾ pond wortelen, bijgesneden, geschild en in dunne rondjes gesneden
1 grote ui, gesnipperd
3 reepjes spek, kruislings in dunne reepjes gesneden
2 eetlepels bloem voor alle doeleinden
½ glas water
2 kopjes stevige rode wijn, zoals Syrah
1 kop runderbouillon (het kan ingeblikt zijn of gemaakt van bouillonblokjes of runderbasis)
½ pond elleboog macaroni
¾ ons bitterzoete chocolade, fijngehakt

Centreer een rek in de oven en verwarm de oven voor op 325 graden F.

Als je runderwangen hebt, snijd ze dan doormidden; als je chuck hebt, snijd het vlees dan in 4 stukken. Droog het vlees tussen vellen keukenpapier.

Verhit 2 eetlepels olie op hoog vuur in een grote braadpan of andere ovenvaste pan met deksel. Voeg het vlees toe als de olie begint te glinsteren. Je wilt de pot niet te vol doen, dus doe dit desnoods in 2 porties. Bak het vlees aan één kant goed bruin, ongeveer 3 minuten, draai het dan om en bak de andere kant bruin. Haal het vlees uit de pan en doe het in een kom en kruid goed met peper en zout.

Giet de olie eruit en veeg de bodem van de pan voorzichtig schoon. Zet de pan op laag vuur en voeg de laatste eetlepel olie toe. Voeg als het warm is wortelen, ui en spek toe en kook, onder regelmatig roeren, ca. 10 minuten, of tot de groenten bijna zacht zijn; Kruid met peper en zout. Bloem over de ingrediënten strooien, vuur iets hoger zetten en al roerend ca. 2 minuten om de bloem lichtjes te schudden; je zou een laagje bloem op de bodem van de pan moeten hebben, en dat is prima. Giet het water erbij en roer met een houten lepel om eventuele stukjes op de bodem van de pot weg te schrapen. Verhoog het vuur en kook het water af (het kookt snel), giet dan de wijn en bouillon erbij en roer.

Doe het vlees terug in de pan, voeg de sappen toe die zich in de kom hebben opgehoopt en breng aan de kook. Laat een paar minuten koken, sluit de pan dan goed af met aluminiumfolie, plaats het deksel op de folie en schuif de pan in de oven. Laat de leem ca. 2 uur, of tot vork zacht, ongestoord.

Breng vlak voordat de leem klaar is een grote pan gezouten water aan de kook. Voeg de macaroni toe en kook tot ze gaar zijn, 3 minuten. Afwatering.

Als het vlees gaar is, haal je de pan uit de oven, schep je het vet af dat zich op het oppervlak van de leem heeft verzameld en roer je de chocolade erdoor. Breng op smaak met peper en zout en laat even sudderen.

Roer de macaroni door de leem en kook af, serveer dan.

VOOR 4 PORTIES

PORTIE
Bij Le Comptoir wordt de leem geserveerd in zijn eigen kleine gietijzeren braadpan of cocotte. Breng thuis de Dutch Oven naar de tafel en serveer in gezinsstijl, of schep individuele porties in ondiepe soepborden en breng naar de tafel.

OPSLAG
Zonder macaroni kan de leem tot een dag van tevoren worden gemaakt, gekoeld en gekoeld; voor de rest wordt het alleen maar beter. Het kan ook luchtdicht worden verpakt en tot 2 maanden worden ingevroren. Verwarm voorzichtig en grondig voordat u de macaroni toevoegt en serveert.

Boeuf à la Ficelle (rundvlees aan een touwtje)

DIT IS HET HOOFDGERECHT VAN KEUZE voor mijn nieuwjaarsdiners, want het heeft alles in huis op de afdeling feestmaaltijden. Het is heerlijk bevredigend, elegant, universeel gewaardeerd (onder roofdieren natuurlijk), uitbreidbaar - je kunt er net zo gemakkelijk twintig maken als twee - en negentig procent kan van tevoren worden gedaan, dus je hoeft alleen maar weg te zijn van de actie voor een paar minuten vlak voor het opdienen.

Het gerecht is een verzonken, luxe versie van pot-au-feu, de traditionele eenpansmaaltijd die meestal bestaat uit verschillende stukken vlees gekookt in bouillon. Hier heb je slechts één stuk vlees, een entrecote, vastgebonden met een stuk keukentouw dat een staart heeft die lang genoeg is om aan vast te grijpen, zodat je het rundvlees uit de bouillon kunt trekken en het gerecht met recht "biefstuk aan een touwtje" kunt noemen. ." Deze versie heeft ook een handvol wortelgroenten die rondsnuffelen in de bouillon, die is gemaakt van botten, groenten en, ja, een paar bouillonblokjes. (Zie het verhaal om dit in Parijs te maken[>].) De bouillon wordt van tevoren bereid, dagen van tevoren als het je lukt, en de groenten kunnen ook van tevoren worden bereid. Bij het serveren hoef je het vlees alleen maar licht en voorzichtig te pocheren. En u hoeft zich nooit zorgen te maken of gasten het vlees rood of doorbakken willen: u pocheert het vlees tot het gaar is, laat het rusten en giet dan bij het serveren hete bouillon over het vlees voor de zeldzame liefhebbers, of over het , om het een beetje meer te koken, voor degenen die hun vlees lekkerder willen bakken.

Traditioneel wordt de bouillon als voorgerecht geserveerd en het vlees en de groenten als hoofdgerecht, maar ik serveer graag plakjes rundvlees in ondiepe soepborden omringd door de groenten en afgewerkt met een kleine pollepel bouillon. Door een klein beetje van de bouillon te gebruiken is het gerecht perfect vochtig en ziet het er mooi uit, terwijl het de volgende dag ook nog eens als soep kan worden verwerkt. Over terughoudendheid gesproken, misschien hoop je ook op overgebleven rundvlees - het is fantastisch in de salade met rundvlees van de volgende dag ([>]).

Als u het aantal porties wilt vermenigvuldigen, bewaar dan dezelfde hoeveelheid bouillon maar verdubbel de hoeveelheid rundvlees om 12 te serveren; om nog meer te serveren (ik heb dit gemaakt voor een etentje van 26), verdubbel ook de bouillon of pocheer de biefstuk in porties.

Als je rundvlees niet al met tussenpozen kriskras is vastgebonden, doe dit dan thuis met keukentouw. De dwarse bandjes houden het in vorm tijdens het poseren. Om de traditionele draad te maken die dit gerecht zijn naam geeft, bindt u de biefstuk in de lengte vast - u kunt deze draad in de lengte onder de knopen stoppen die door de dwarse draden zijn gemaakt - en laat een lang stuk touw vrij. Dit touwtje gebruik je om de biefstuk uit de bouillon te trekken.

VOOR BOUILLON
- 5 takjes peterselie
- 2 takjes tijm
- 2 laurierblad
- 2 stengels bleekselderij met bladeren
- 2 eetlepels milde olie (zoals druivenpit of canola)
- 3 grote kuit- of mergbeenderen
- 1 ossenstaart
- ¼ theelepel suiker

Ongeveer 5 liter water

- 3 prei, alleen donkergroene delen (reserveer de witte en lichtgroene delen), gewassen
- 2 wortelen, bijgesneden en kruiselings gehalveerd
- 1 bolletje knoflook, alleen de losse papierachtige schil verwijderd, horizontaal gehalveerd
- 1 2-inch stuk verse gember, geschild en gehalveerd
- 1 steranijs (optioneel)
- 1 theelepel zwarte peperkorrels
- 2 runderbouillonblokjes
- 1 eetlepel tomatenpuree
- 1 eetlepel grof zout

VOOR GROENTEN EN VEE

- 6 kleine aardappelen, geschrobd en gehalveerd
- 6 kleine rapen, bijgesneden, geschild en gehalveerd en gehalveerd
- 6 wortelen, schoongemaakt, geschild en kruiselings in drieën gesneden
- 1 pond knolselderij, bijgesneden, geschild en in blokjes van 2 inch gesneden
- Gereserveerde witte en lichtgroene delen van de 3 prei, in de lengte doorgesneden, gewassen en in stukken van 5 cm gesneden
- 6 sjalotjes, gepeld en gehalveerd
- 1½ pond ossenhaas, alle vet verwijderd, vastgebonden met
- 1 touw (laat een lange staart van touw achter), op kamertemperatuur

VOOR SERVEREN

Fleur de sel of ander zeezout

Dijon en korrelige mosterd, bij voorkeur Frans

Mierikswortel, bij voorkeur vers geraspt

Een pepermolen gevuld met zwarte peperkorrels

DE BOUILLON MAKEN: Verzamel de peterselie, tijm en laurierblaadjes, steek ze tussen de stengels bleekselderij en bind het bundeltje samen met keukentouw.

Zet een grote soeppan op middelhoog vuur en voeg de olie toe. Voeg botten, ossenstaart en ui toe (als je alles erin kunt krijgen zonder de pot te vullen, ga ervoor; zo niet, doe dit dan in porties), strooi de suiker en bruine botten en ui, roer zo nodig. Als alle ingrediënten zo diepbruin zijn als je ze kunt krijgen - zelfs de zwartgeblakerde - doe je ze in een kom, giet af en gooi het vet weg.

Zet de pan terug op middelhoog vuur en giet een paar kopjes water in de pan terwijl je uit de weg staat. Gebruik een houten of metalen lepel om alles wat zich op de bodem van de pot heeft gevormd weg te schrapen, een bevredigende klus omdat je alle kleur en smaak uit de kleverige stukjes haalt en het schrapen ook een goede taak is om de pot schoon te maken. Giet 4½ liter water erbij en meng alle overige ingrediënten erdoor, inclusief knolselderij, bot, ossenstaart en ui. Breng aan de kook, schep het schuim dat naar boven borrelt af, zet het vuur lager en kook de bouillon onafgedekt gedurende 1 uur, regelmatig afschuimend.

Zeef de bouillon in een kom en gooi de vaste stoffen weg - ze hebben hun werk gedaan.*(De bouillon kan maximaal 3 dagen worden gekoeld en gekoeld of maximaal 2 maanden worden ingevroren. Zodra de bouillon is afgekoeld, verwijdert u al het vet - het zal naar boven drijven.)*

BEREIDING VAN DE GROENTEN EN HET VET: Doe de bouillon terug in de pan en breng aan de kook. Zet het vuur laag en voeg de aardappelen, rapen, wortelen en knolselderij toe. Voeg na 10 minuten de prei en sjalotten toe en bak nog 10 minuten. Controleer of de groenten gaar zijn en als ze gaar zijn, schep ze met een schuimspaan uit de bouillon en doe ze in een grote kom. Dek af en zet opzij terwijl je de biefstuk pocheert. (De groenten kunnen een paar uur van tevoren worden bereid, bevochtigd met een beetje bouillon, afgedekt en gekoeld tot je er klaar voor bent.)

Laat het vlees in de kokende bouillon vallen, houd het touwtje uit de bouillon (je kunt het aan het handvat van de pan binden) en pocheer gedurende 15 minuten - het zal zeer zeldzaam zijn in het midden. Trek de biefstuk uit de pan met behulp van het touwtje; leg het op een bord, dek af met folie en laat het 5 tot 10 minuten rusten. (Als je het vlees meer gaar wilt hebben, kun je het langer pocheren of, nog beter, er wat hete bouillon over schenken bij het opdienen.)

Verwarm ondertussen de groenten in de bouillon. Snijd het vlees in plakken van ongeveer ¼ tot ½ inch dik. Leg voor elke portie een of twee plakjes biefstuk in het midden van een ondiep soepbord, omring het met wat gepocheerde groenten en bevochtig met bouillon. Zet fleur de sel, dijon en korrelige mosterd, mierikswortel en een pepermolen op tafel zodat gasten hun eigen gerechten kunnen kruiden.

VOOR 6 PORTIES

PORTIE
Ik gebruik graag ondiepe soepborden voor dit gerecht en schik ze in de keuken. Snijd het vlees zo dat de plakjes ¼ tot ½ inch dik zijn en leg een of twee plakjes in elk bord. Voeg de groenten toe en schep wat hete bouillon rond het vlees of, voor wie van meer doorbakken vlees houdt, er overheen. Zet de borden op tafel en laat de gasten proeven met fleur de sel, dijon en korrelige mosterd, mierikswortel en peper uit de molen.

OPSLAG
De bouillon kan van tevoren worden gemaakt en maximaal 3 dagen in de koelkast worden bewaard of maximaal 2 maanden worden ingevroren, en de groenten kunnen een paar uur van tevoren worden gepocheerd. Het is het beste om de biefstuk vlak voor het opdienen te bereiden, maar restjes kunnen tot een paar dagen worden afgedekt en in de koelkast worden bewaard en in sandwiches of salades worden gebruikt.

biefstuk aan een touwtje, wat zeg je?

Ik had geduldig in de rij gewacht bij de slagerij van La Grande Epicene, de grootste supermarkt van Parijs, en nu was het mijn beurt. Ik leunde over de toonbank en zei tegen de slager dat ik genoeg boeuf à la ficelle, oftewel rundvlees aan een touwtje, wilde hebben voor acht gasten. Hij vroeg me "Eh?" en zei: "Je hebt jarret de veau nodig", wat kalfsschenkel is en helemaal niet wat ik nodig had.

'Nee,' zei ik beleefd maar beslist. "Het is prima voor pot-au-feu, maar ik maak boeuf à la ficelle en heb iets malser nodig." "Ik kan je niet verstaan," hijgde hij en begon naar een ander te gaan.

Hoewel mijn Frans niet vlekkeloos is, was het jaren geleden dat iemand mij niet verstond, zeker niet als ik keukenfrans sprak. De vrouw naast me wist dat ik op het punt stond ontslagen te worden, en toen ze zag dat ik van streek was, vertelde de vrouw naast me de slager dat de jarret de veau helemaal verkeerd was en dat Madame (dat zou moi zijn) gelijk had toen ze het vroeg voor iets malser. . Zelfs de andere slager aan de balie kwam naar hem toe en fluisterde het "tedere" woord tegen zijn collega. Maar mijn man herhaalde dat hij me niet kon verstaan, draaide zijn schouder naar me toe en draaide zich om naar de volgende klant, de aardige vrouw links van me. Ze haalde haar schouders van me af, zei dat het haar speet en ging verder met het bestellen van een braadstuk voor het avondeten. Gekneusd stampte ik woedend weg. Kon je me niet verstaan? Harummpf.

Ik was klaar met het verzamelen van de rest van de ingrediënten voor het avondeten en keek naar de nu stille slagerij. Alleen de fluisterende slager was er, dus ik kwam dichterbij en begon mijn verzoek te herhalen. 'Ik weet het, ik weet het,' zei hij, 'je maakt boeuf à la ficelle tot acht uur vanavond.' Vervolgens tilde hij een mooi stuk ossenhaas op, sneed er een stuk van af en bond het, zoals het aan dit gerecht moet worden vastgemaakt, vast met een lange lus van touw, de lus die ik zou gebruiken om de biefstuk in de kokende bouillon te laten zakken en om til het er minuten later uit.

Ik bedankte hem – uitbundig – en toen ik iets wilde zeggen over zijn collega-slager, zei ik op een rotonde en typisch Franse manier: "Ik waardeer het enorm dat je zoveel geduld met me hebt." Bingo – hij wist precies wat ik bedoelde. "Madame," antwoordde hij, "u moet mijn collega vergeven. Hij kon u niet helpen omdat hij geen idee had wat u voor het avondeten kookte. Het verbaast me eigenlijk dat u, een Amerikaan, boeuf à la ficelle kent. Hier in Frankrijk denken we erover als une recette perdue."

Een recept verloren, een verloren recept. Ik was gefascineerd door het idee.

Het recept was de vrouw die met mij in de rij had gestaan duidelijk niet ontgaan. Ze vertrouwde me zelfs wat culinair advies toe en suggereerde dat ik een lepel tomatenpuree aan de bouillon zou toevoegen, net zoals haar moeder deed. Oh, en een paar bouillonblokjes ook. Later die avond, nadat ik haar advies had opgevolgd, speet het me dat ik haar niet kon bellen om haar te bedanken - het was precies goed.

Boeuf à la Mode *(ook bekend als Great Pot Roast)*

FRANS HEBBEN VELE MANIEREN om goedkope, vaak taaie stukken vlees te nemen en er gerechten van te maken die zo lekker zijn dat alleen al het noemen ervan je doet glimlachen - en boeuf à la mode is een van die gerechten. Het is in wezen een stoofvlees, en hoewel het door en door Frans is, lijkt het iedereen van overal te herinneren aan oma's slow-roast. (Zelfs mijn grootmoeder heeft misschien aan dit gerecht gedacht als verwanten van haar borst.)

Wat dit een "à la mode" maakt en geen stoofpot, is het feit dat de biefstuk in een stuk wordt gekookt, niet in stukjes. De steak wordt een nacht gemarineerd en daarbij mals gemaakt, daarna goed bruin en zachtjes gestoofd in de oven in een combinatie van kruiden en groenten, wijn en cognac, en een verrassend ingrediënt: ansjovis. Even assertief als direct uit de doos, ze zijn mild, zelfs onherkenbaar, in dit gerecht en voegen subtiele diepte toe.

Na uren in de oven is de biefstuk mals en de saus rijk van smaak en net zo rijk gekleurd. Je kunt het oppervlaktevet eraf scheppen, het gebraad in plakjes snijden en op tafel zetten, of je kunt het gerecht een dag of twee bewaren.

WEES VOORBEREID: De steak moet een nacht gemarineerd worden. En, zoals zoveel langzaam gegaarde gerechten, profiteert deze van een overnachting, waardoor hij net zo geweldig is voor feestjes als voor gezellige familiemaaltijden.

- 1 braadstuk, braadstuk of braadstuk, ca. 4 pond, bijgesneden maar niet helemaal vrij van vet

  Zout en versgemalen peper

- 1 ui, gehalveerd en in dunne plakjes gesneden
- 1 wortel, schoongemaakt, geschild en in stukjes gesneden
- 1 knolselderij, schoongemaakt, geschild en in stukjes gesneden (bewaar de blaadjes)

  Een bouquet garni - 2 takjes tijm, 2 takjes peterselie, 1 takje rozemarijn, 1 laurierblad en de blaadjes van de stengel bleekselderij, samengebonden in een stuk vochtige kaasdoek

1 750 ml fles stevige, fruitige rode wijn
1 eetlepel olijfolie
4 kopjes bouillon (het kan worden ingeblikt of gemaakt van bouillonblokjes of bouillonbasis)
3 eetlepels druivenpitolie, koolzaadolie of arachideolie
3 eetlepels cognac of andere cognac
4 ansjovis, uitgelekt, afgespoeld en drooggedept
2 eetlepels tomatenpuree

Geef het gebraad een zout- en pepermassage en doe het in een pan, kom of stevige plastic zak met ritssluiting die het vlees, de groenten en de wijn kan bevatten. Voeg ui, wortel, selderij en bouquet garni toe en giet er wijn en olijfolie bij. Meng alles zo goed mogelijk door elkaar, dek de container af of sluit de zak af en zet het in de koelkast om een nacht te marineren. (Als je kunt, draai het gebraad dan af en toe om zodat de wijn gelijkmatig doordringt.)

Haal de volgende dag de biefstuk uit de marinade en laat hem, als je tijd hebt, op kamertemperatuur komen.

Zeef ondertussen de marinade, bewaar de groenten en het bouquet garni en giet de vloeistof in een middelgrote pan. Breng op hoog vuur aan de kook en laat tot de helft inkoken, ongeveer 10 minuten. Voeg de runderbouillon toe en breng weer aan de kook, neem dan de pan van het vuur.

Centreer een rek in de oven en verwarm de oven voor op 350 graden F. Houd een zware Nederlandse oven van 4 tot 5 liter of een pot met deksel klaar.

Gebruik keukenpapier en droog het vlees zo goed mogelijk af. Zet een zware koekenpan op middelhoog vuur en giet er 2 eetlepels druivenpit-, canola- of arachideolie in. Als het warm is, leg je de biefstuk in de pan en bak je hem aan alle kanten, zorg dat je een goede kleur en een beetje korst krijgt. Breng het gebraad over naar de braadpan en breng op smaak met zout en peper; gooi de olie weg.

Zet de pan terug op middelhoog vuur, giet de laatste eetlepel olie erbij en roer de uitgelekte groenten erdoor. Kook al roerend tot de groenten zacht zijn, ongeveer 10 minuten. (Omdat de groenten niet helemaal droog zijn, kun je ze misschien niet bruinen, maar als je ze in de pan kookt, krijgen ze een geroosterde smaak.) Breng op smaak met zout en peper, giet de cognac erbij en roer en schraap om eventuele stukjes die aan de bodem van de pan kunnen zijn blijven plakken. Breng alles over naar de Dutch Oven.

Plaats de pan opnieuw op middelhoog vuur. Giet ongeveer ½ kopje van het wijnbouillonmengsel erbij en roer de ansjovis en tomatenpuree erdoor. Kook, al roerend, tot de ansjovis "smelt", gedurende een paar minuten. Giet de rest van het wijnbouillonmengsel erbij en roer om te combineren, gooi het gereserveerde bouquet garni erdoor, breng op smaak met zout en peper en breng over naar de Nederlandse oven.

Zet de braadpan op middelhoog vuur en bedek de pan goed met een stuk aluminiumfolie en het deksel als de vloeistof kookt. Schuif het vlees in de oven en laat het 1 uur ongestoord garen.

Haal de pan uit de oven, verwijder het deksel en de folie en draai het vlees om. (Deze stap is niet echt nodig, dus maak je geen zorgen als je er niet bent.) Bedek de pan opnieuw met folie en een deksel, zet hem terug in de oven en bak nog eens 1½ tot 2 uur (totale tijd is 2½ tot 3 uur), of tot het vlees gaar is.

Proef de saus, en als je het wat geconcentreerder wilt (meestal vind ik het prima zoals het is), giet het dan in een pan, zet het op hoog vuur en kook de saus totdat hij precies is zoals jij hem lekker vindt. . (Als je de saus gaat inkoken, voeg dan pas zout toe als het ingekookt is.) Schep met een grote opscheplepel het oppervlaktevet eraf en breng op smaak met zout en peper.

Zeef de saus (als je dit nog niet hebt gedaan om het naar beneden te krijgen) en gooi de gekookte groenten weg (wat mijn man me nooit laat doen, omdat hij dol is op de papperige wortels).

U kunt het gebraad nu opdienen of in de koelkast bewaren (als u het in de koelkast bewaart, laat u het vet achter en schept u het eraf als het koud is - dat is dan veel gemakkelijker) en serveert u het later (zie Opslag).

Snijd het rundvlees in plakjes en verwarm het eventueel in de saus.

VOOR 6 PORTIES

PORTIE

Het gebraad is goed met gestoomde wortelen, gewoon gekookte rijst, noedels met boter, gestoomde aardappelen of aardappelpuree (ieders favoriet).

OPSLAG

Zoals de meeste stoofschotels, is deze een dag of twee later goed (eigenlijk zelfs beter). Bewaar de boeuf à la mode goed afgedekt in de koelkast en lepel voor het serveren het vet eraf en verwarm de saus erdoor (met de groenten, als je die niet hebt weggegooid) op het fornuis of in de oven. Je kunt de schaal ook luchtdicht verpakken en maximaal 2 maanden invriezen.

Shortribs in rode wijn en portwijn

TOT EEN PAAR JAAR GELEDEN, toen Amerikaanse superchefs besloten dat shortribs cool waren en er een trendy stuk vlees van maakten, waren die rijk gemarmerde rechthoeken van steak-on-the-bone goedkoper dan een doos Cheerios. Dat hun prijs iets is gestegen, is de keerzijde van hun roem; het voordeel is dat ze nu bijna overal verkrijgbaar zijn, ook in supermarkten.

Shortribs zijn een huiselijk stuk biefstuk en, net als andere huiselijke stukken, gemaakt om te braden. Sterker nog, ik denk niet dat ik ze ooit op een andere manier heb zien klaarmaken. Dat is zeker hoe mijn vrienden in Parijs ze maken. Ik volg hun voorbeeld en kook de shortribs lang, op een lage temperatuur en op hun gemak - schuddend, roerend of anderszins storend terwijl ze zachtjes sudderen in de grote pan. Maar ik neem vrijheden met kruiden, voeg gember en steranijs toe aan het brouwsel, en in plaats van de gebruikelijke douche van gehakte peterselie, maak ik het gerecht af met een spel op gremolata: gehakte knoflook, koriander en clementine, mandarijn of sinaasappelschil. Ik hou van de versheid die deze ingrediënten toevoegen aan het langgeroosterde vlees.

WEES VOORBEREID: Als het kan, maak de shortribs dan een dag van tevoren en zet ze in de koelkast.

VOOR DE KORTE RIBBANEN

2	takjes peterselie
2	takjes tijm
2	laurierblad
1	takje rozemarijn
1	steranijs
2	knolselderij, bijgesneden en in dunne plakjes gesneden (houd blaadjes van 1 stengel)
12	korte ribben, 1 bot in elk (ongeveer 9 pond)
	Zout en versgemalen peper
2	eetlepels milde olie (zoals druivenpit of canola)

2	grote ui, gesnipperd
2	wortelen, bijgesneden, geschild en in plakjes
1	wortelpeterselie of pastinaak, bijgesneden, geschild en in plakjes (optioneel)
1	1½-inch stuk verse gember, geschild en grof gehakt
5	grote teentjes knoflook, gespleten, zaad verwijderd en grof gehakt
2	eetlepels tomatenpuree
1	750 ml fles fruitige rode wijn (ik hou van een Californische Syrah)
1½	kopjes robijnrode poort
4-6	kopjes runderbouillon (het kan worden gemaakt met bouillonblokjes), indien nodig

VOOR GREMOLATA

	Fijngesneden schil van 2 mandarijnen, 2 clementines of 1 sinaasappel
2	teentje knoflook, gespleten, zaad verwijderd en fijngehakt
3	eetlepels fijngehakte verse koriander (of, als je dat liever hebt, peterselie of munt)

OM DE KORTE RIBBEN TE MAKEN: Plaats een rek in het bovenste derde deel van de oven en verwarm de grill voor. (Als je een grill hebt die onder de oven staat, plaats het rek dan zo ver van de grill als de lay-out toelaat; 15 cm zou prima zijn.) Bekleed een bakplaat met folie. Bevochtig een stuk kaasdoek en gebruik het en wat keukentouw om peterselie, tijm, laurierblaadjes, rozemarijn, steranijs en selderij in te wikkelen; leg het bouquet garni opzij.

Droog de shortrib met keukenpapier en leg hem met de botkant naar boven op de met folie beklede bakplaat. Bak ongeveer 5 minuten. Draai de ribben voorzichtig om met een tang en leg ze nog 10 minuten onder de grill, of tot ze bruin en sissend zijn. Als een van de stukken er aan een kant niet gaar uitziet, draai ze dan om en bak tot ze bruin zijn. Doe de ribben in een grote kom en breng op smaak met zout en peper. Centreer een rek in de oven en draai de oven naar 350 graden F.

Giet de olie in een pan die groot genoeg is voor alle ingrediënten (ik gebruik een geëmailleerde gietijzeren braadpan) en zet op middelhoog vuur. Doe de groenten, gember en knoflook in de pan, kruid licht met zout en peper en kook al roerend tot ze zacht en een beetje bruin zijn, ca. 10 minuten. Voeg de tomatenpuree toe, zet het vuur laag en kook, onder voortdurend roeren, nog 2 minuten. Schenk de wijn en de port erbij, voeg het bouquet garni toe, zet het vuur hoog, breng aan de kook en laat inkoken tot het vocht voor ongeveer een derde is ingekookt.

Doe het vlees terug in de pan – ik leg het graag met de botkant naar boven – en giet er 4 kopjes runderbouillon bij. Het vlees moet bijna bedekt zijn; zo niet, giet er dan wat meer bouillon bij. Dek goed af met folie en dan met een deksel en schuif het in de oven. 2 uur ongestoord koken.

Verwijder het deksel en herschik de folie zodat deze de pan losjes bedekt - je wilt dat er wat stoom ontsnapt. Zet terug in de oven en bak nog 1 uur, haal dan de pan uit de oven.

Als je tijd hebt, koel de ribben dan een nacht in de koelkast; schep de volgende dag het gestolde vet weg en leg de ribben met de botkant naar beneden in een ondiepe braadpan die ze stevig vasthoudt. (Als de botten van het vlees vallen, zoals gewoonlijk, gooi ze dan weg.) Zeef de saus, druk op de vaste stoffen om alle vloeistof eruit te krijgen en gooi de vaste stoffen weg.

Of, als u het recept zonder koeling voortzet, leg de ribben dan met de botkant naar beneden in een ondiepe braadpan. Giet de saus door een zeef in een grote maatbeker of kom; druk op de vaste stoffen om alle vloeistof eruit te krijgen en gooi ze dan weg. Schep zoveel mogelijk vet van de saus af.

Verwarm de vleeskuikens voor, plaats een rooster zoals je eerder deed. Giet wat van de saus over de ribben om ze te bevochtigen en te coaten, kook de ribben vervolgens 5 tot 8 minuten, een of twee keer draaiend, tot ze glazig zijn.

Doe ondertussen de resterende saus terug in de pan of giet in een pan en breng aan de kook. Als je denkt dat de saus wat intenser moet worden, kook hem dan een paar minuten om hem te laten inkoken. Het is erg dun, en tenzij je het tot een paar lepels verkleint, zal het niet veel dikker worden door het te koken. Proef en breng indien nodig op smaak met zout en peper.

GREMOLATA MAKEN: Meng de schil, knoflook en koriander door elkaar.

Leg de ribben op een serveerschaal en lepel er wat saus over; geef de rest van de saus aan tafel door. Bestrooi de ribben met gremolata, of laat gasten zichzelf bedienen.

VOOR 6 PORTIES

PORTIE
Gestoofde korte ribben zijn een natuurlijk gerecht met aardappelpuree (altijd mijn eerste keuze), noedels, rijst of puree van knolselderij ([>]).

OPSLAG
U kunt de shortribs 2 tot 3 dagen van tevoren maken en afgedekt in de koelkast bewaren (zeef de saus niet en kook de gekookte ribs pas vlak voor het opdienen). Restjes kunnen maximaal 2 dagen afgedekt en gekoeld bewaard worden.

SHORT RIBS IN RED WINE AND PORT (PAGE 254)

www.ingramcontent.com/pod-product-compliance
Lightning Source LLC
Chambersburg PA
CBHW050021130526
44590CB00042B/1171